Umschlagfotos:
Titelbild: Hans Reinhard, Heiligkreuzsteinach. Freisteller: Böswirth, Wien
Umschlagrückseite: Wolfgang Redeleit, Bienenbüttel
Bildquellen Inhalt: Thinschmidt, Seiten 8/9, 43, 58/59, 60, 75. Böswirth, alle übrigen

Impressum

Die Deutsche Bibliothek - CIP-Einheitsaufnahme
Ein Titelsatz für diese Publikation ist bei Der Deutschen Bibliothek erhältlich.

Lektorat: Veronika Schubert, Österreichischer Agrarverlag
Korrektorat: Bettina Jakl-Dresel
Umschlaggestaltung: Atelier Reichert, Stuttgart
Grafische Gestaltung & Satz: Dominici Werbeagentur GmbH, Leopoldsdorf (Österreich)
Illustrationen: Elisabeth Fritsche
Printed in Germany
Druck und Bindung: aprinta GmbH, Wemding

ISBN (Österreich): 3-7040-1718-3
ISBN (Deutschland): 3-8001-3137-4

Daniel Böswirth • Alice Thinschmidt

Stauden im Garten

Blumen, Blattriesen und Bodendecker

Verlag Eugen Ulmer
Österreichischer Agrarverlag

Inhaltsverzeichnis

Inhaltsverzeichnis

Vorwort

Es ist eine sonderbare Tatsache, dass Stauden und ihre Verwendung im großen Stil erst seit etwas mehr als hundert Jahren eine wichtige Rolle spielen.

Weder in den Gärten der Renaissance oder des Barock noch in den faszinierenden Englischen Landschaftsparks gehörten Staudenbeete zu den wesentlichen Elementen in der Gestaltung.

Sonderbar auch, dass die Boten des Frühlings, Sommers oder Herbstes über viele Jahrhunderte anscheinend nicht als gartenwürdig erachtet wurden. Erst in den letzten Jahrzehnten kann man in unseren Breiten von einem Staudenboom sprechen.

Im Empfinden für die Natur, die schließlich eng mit dem Wandel der Jahreszeiten verwoben ist, spiegeln sie für uns die Schönheit und Kraft vor allem durch ihre prächtigen Blüten wieder. Wie bei einer großen Blumenuhr entfalten sie von Jänner bis in die späten Novembertage ihre Blüten und erfreuen unser Auge. Stauden bilden die Feinstruktur eines modernen Gartens und sind aus der Gartengestaltung nicht mehr wegzudenken.

Heute stehen uns theoretisch mehrere tausend verschiedene Arten und eine unüberschaubare Anzahl an Sorten zur Verfügung. Gärtnereien und Gartencenter zeigen aus diesem Sortiment nur einen mehr oder weniger kleinen Ausschnitt. Abgesehen von persönlichen Vorlieben und Geschmack gibt es noch eine Reihe weiterer Kriterien, die Sie beim Aussuchen der einzelnen Pflanzen und dem Anlegen eines Staudenbeetes berücksichtigen sollten. Gut verständliche, nachvollziehbare Anleitungen helfen bei der Neuanlage oder Umgestaltung eines Staudengartens weiter.

Unser Streifzug durch die ungeheure Vielfalt lässt vielleicht erahnen, was die große, bunte Gruppe der Stauden so faszinierend macht.

Wien, im Jänner 2000

Gärtnerische Praxis

Was sind Stauden? Wie pflegt man sie? Wo passen sie am besten hin? Wann ist die beste Zeit zum Gießen? Warum muss man sie zurückschneiden?

Bevor endlich gepflanzt werden kann, hilft praktisches Wissen vom Gärtner, die wichtigsten Fragen zu beantworten und Fehler zu vermeiden.

Was sind Stauden?

Wir sind in der Natur ringsum von Stauden umgeben – denken Sie nur an Margeriten in der Wiese, Enzian in den Bergen oder Schneeglöckchen im Auwald.

Stauden sind mehrjährige, ausdauernde Pflanzen. Sie verholzen nicht und bleiben krautig weich. Sommerblumen sterben mit den Oktoberfrösten ab, Stauden aber überdauern den Winter. Mit Hilfe von Wurzeln, Ausläufern, Rhizomen, aber auch Zwiebeln und Knollen sind sie in der Lage, Eis, Frost und Schnee oder langen Trockenperioden zu trotzen.

Bis auf einige wenige wie das Immergrün *(Vinca minor)* „verschwinden" Stauden für bestimmte Zeit im Jahr von der Oberfläche. Manche ziehen schon im Sommer ein, die meisten allerdings über den Winter, um im Frühling erneut auszutreiben.

Das sollte man wissen, bevor man merkt, dass man eigentlich lieber Sträucher gehabt hätte oder gar glaubt, die neuen Pflanzen für den Garten wären eingegangen.

Einige, wie zum Beispiel der Lavendel *(Lavandula angustifolia)*, haben zwar ein staudenähnliches Aussehen, ihre Triebe werden aber am

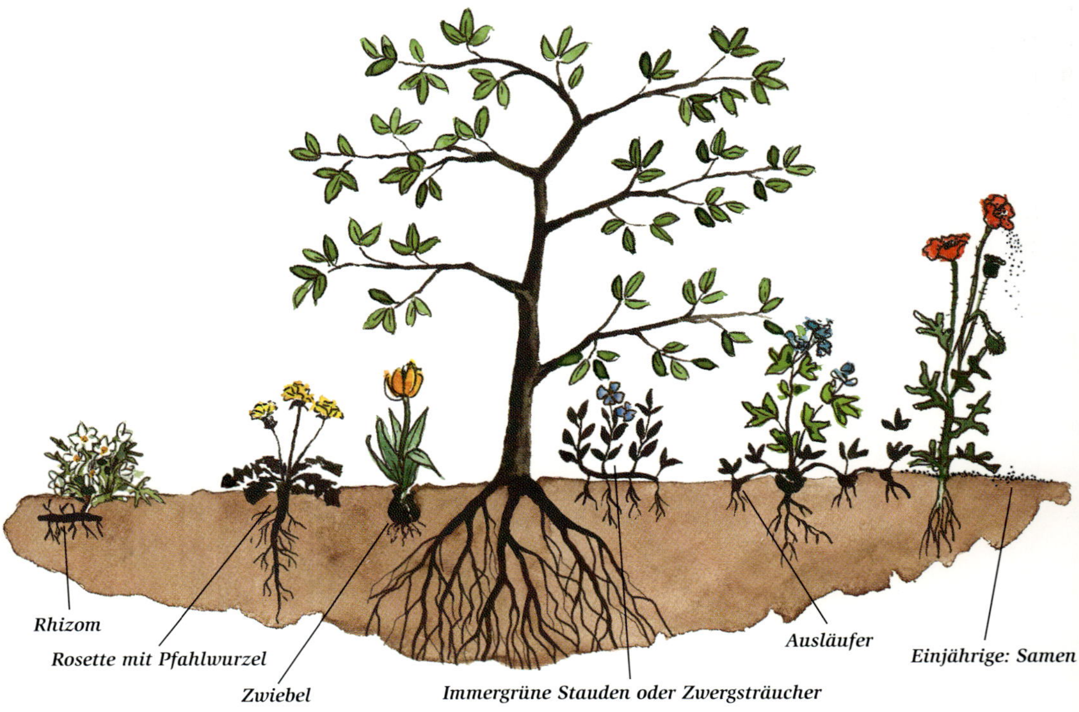

So überwintern Stauden: Schwarz gezeichnete Pflanzenteile überdauern die kalte Jahreszeit.

Grunde holzig. Lavendel müsste daher korrekterweise zu den Zwerggehölzen gezählt werden, doch in jeder Gärtnerei ist er bei den Stauden einsortiert.

Pflanzen mit Zwiebeln und Knollen bilden in der gärtnerischen Praxis stets eine eigene Gruppe, obwohl sie – botanisch gesehen – natürlich auch Stauden sind. Sie werden hier daher nur am Rande erwähnt.

Auch die Sumpf- und Wasserpflanzen gehörten hierher, müssen aber leider aus Platzmangel ausgeschlossen werden.

Einkauf

Die Schwierigkeit, sie beim richtigen Namen zu nennen

Ist eine Christrose eine Schneerose? Oder sind es doch zwei verschiedene Pflanzen? Christrose und Schneerose sind zwei gebräuchliche Namen für die heute ein wenig aus der Mode gekommenen Staude.

Um keine Zweifel aufkommen zu lassen, muss der wissenschaftliche, lateinische Name herangezogen werden. Er setzt sich aus dem immer groß geschriebenen Gattungs- und dem immer klein geschriebenen Artnamen zusammen. Im Gärtnerlatein heißt die Schneerose *Helleborus niger*. Die meisten im Garten verwendeten Stauden sind Züchtungen und haben ihre ursprüngliche Blütenfarbe oder Wuchsform längst eingebüßt.

Unter Anführungszeichen gesetzte Sortennamen wie 'Karminglut' oder 'Schneeflocke' deuten oft die Farbe der Blüten an. Kreuzungen von Arten werden durch ein x vor dem Artnamen gekennzeichnet oder nur -Hybriden genannt und sind meist größer, auffälliger oder blühfreudiger als ihre Eltern. Verwandte Gattungen werden in Familien zusammengefasst.

Schneerosen gehören wie Kuhschellen, Rittersporn oder

Ein gut durchwurzelter Topfballen behält seine Form, verliert keine Erde und spricht für gute Qualität.

Eisenhut zu den Hahnenfußgewächsen *(Ranunculaceae)*.

Was sind Containerpflanzen?

Heute werden Stauden überwiegend in Kunststofftöpfen („Containern"), ganz selten nur mehr mit losen Wurzeln zum Kauf angeboten. Das hat nicht nur den Vorteil, dass man sie von März bis November setzen kann, sondern durch die einheitliche (standardisierte) Anzucht erhält man überall Pflanzen von gleichmäßiger Qualität. Auch können die Pflanzen eine Weile (am Besten an einer schattigen Stelle im Garten) im Topf stehen bleiben, wenn gerade keine Zeit zum Setzen ist. Auf das Gießen sollte dann aber nicht vergessen werden.

Einkaufstipps

- Containerpflanzen (üblicherweise in 9 x 9 x 9,5 cm – Töpfen) müssen dem Jungpflanzenstadium entwachsen sein. Packen Sie probeweise eine Staude beim Schopf und ziehen Sie die Pflanze aus dem Container. Ein wenig Klopfen hilft vielleicht, den Ballen vom Topf zu lösen. Gut eingewurzelte Pflanzen überstehen diese Behandlung unbeschadet.

- Die Pflanzen müssen frei von Unkräutern und Schädlingen sein!

- Die Stauden sollten etikettiert sein.

- Containerpflanzen stehen oft lange am Verkaufsplatz. Die kleinen Töpfe sind für eine längere Kultur nicht ideal, erst wenn die Pflanzen festen Boden unter den Wurzeln spüren, werden sie sich auch optimal entwickeln. Überständige Stauden erkennt man an dem zu dichten Wurzelfilz im Topf oder daran, dass viele Wurzeln bereits durch die Abzuglöcher am Boden des Topfes hindurchgewachsen sind. Wenn die Pflanzen gesund sind, kann man Sie aber ohne weiteres kaufen.

TIPP

Einen guten Überblick über das Staudensortiment erhält man in Schaugärten, auf Gartenausstellungen, in botanischen Gärten und manchen Parkanlagen. Dort können Sie sich nicht nur die Namen schöner Stauden notieren, sondern auch gute Kombinationen abschauen.

Sie brauchen den vollständigen Namen vom Etikett (also Gattung, Art und ev. Sorte), um dann genau die gleiche Pflanze besorgen zu können.

Anlage und Pflege eines Staudenbeetes

Bodenvorbereitung

Ein guter, durchlässiger Boden ist für viele Stauden unerlässlich. Zur Bodenverbesserung kann ein gut zersetzter, reifer Kompost verwendet werden. Wenn Sie ein Stück Wiese oder Rasen für ein Beet opfern wollen, empfiehlt es sich, die oberste Grasnarbe abzuheben und erst dann umzugraben.

Wichtig ist, dass alle Wurzelunkräuter, vor allem die gefürchtete Quecke *(Agropyron repens)*, die lästige Ackerwinde *(Convolvulus arvensis)* oder der berüchtigte Giersch *(Aegopodium podagraria)* dabei sorgfältig entfernt werden.

Wenn Sie nicht auch die letzten Stückchen Wurzeln oder Rhizome aussieben, können Sie sicher sein, dass diese Plagegeister ihre ausgesuchten Pflanzen trotz Jäten überwuchern und verdrängen. Selbst aus den kleinsten unterirdischen Teilen wachsen ganze Pflanzen heran.

Bei starker Verunkrautung sollte die Erde abgetragen und durch neue ersetzt werden. Bei Neuanlagen, wenn der Boden beim Hausbau unter den schweren Baumaschinen stark verdichtet worden ist, hilft meist nur noch ein Austausch der Erde.

Skizze eines Staudenbeets

Blütezeit: Juni - Juli

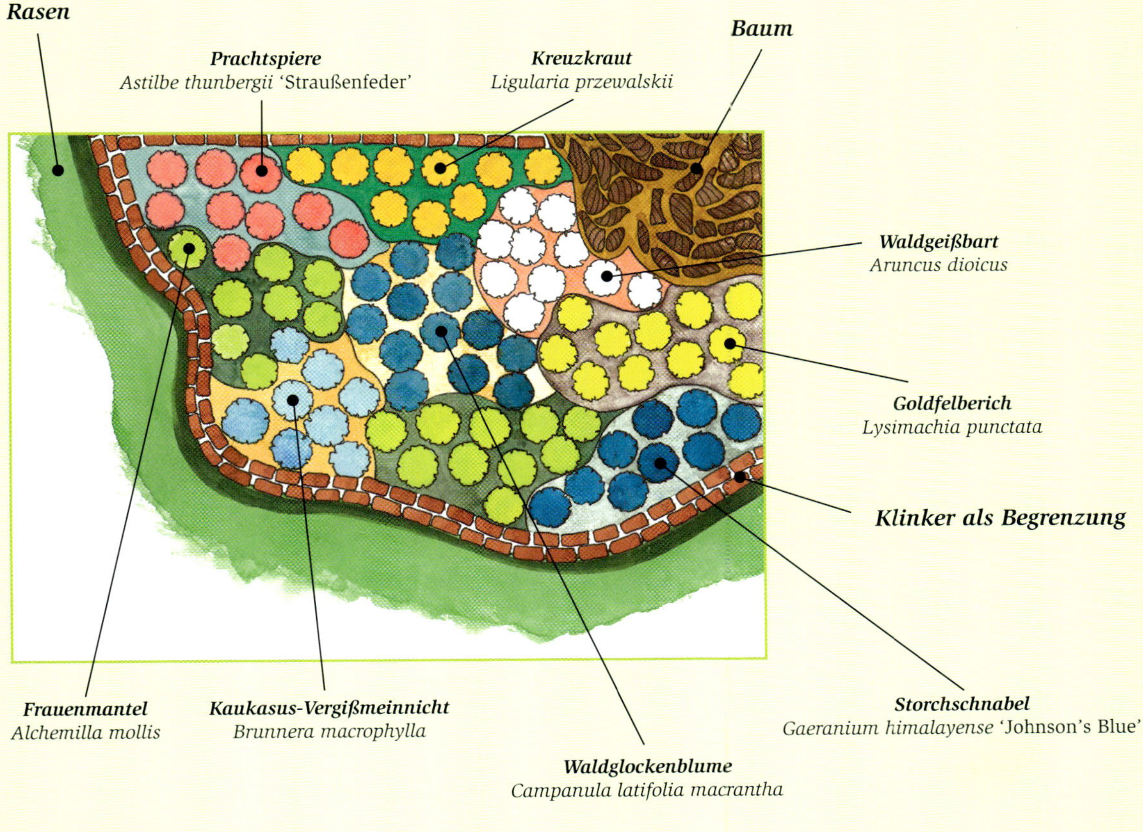

Für viele Stauden ist schwerer, lehmiger Boden wegen seiner mangelnden Durchlässigkeit ungeeignet. Die Pflanzen leiden unter „stauender Nässe", was vor allem im Winter zu Ausfällen durch Verfaulen führt.

Einige Stauden brauchen, wie Moorbeetpflanzen, sauren Boden. Sie sind damit ideale Begleiter von Rhododendren und Azaleen. Zu ihnen gehören unter anderem Dreiblatt *(Trillium sessile)*, einige Farne und Gräser, Kugelprimeln *(Primula denticulata)* oder Orchideenprimeln *(Primula vialii)*.

Mit Papier und Bleistift

Um nicht von der Einkaufshektik überrumpelt zu werden und den Fehler zu begehen, im Vorbeihasten eine schlechte Auswahl zu treffen, wäre es ratsam, sich vorher eine kleine Liste zusammenzustellen. Welche Stauden wollen Sie in die engere Wahl ziehen?

Eine kleine Skizze des zu bepflanzenden Beetes erleichtert die Sache ungemein. Sie hilft nicht nur die Menge (Stückzahl) und damit die Kosten abzuschätzen, sondern ermöglicht genauere Planung.

Bevor Sie die ausgetopften und auf dem abgerechten Beet aufgelegten Stauden zu setzen beginnen, überdenken Sie, die Setzschaufel in der Hand, noch einmal Ihr Konzept.

Ein Umgruppieren ist jetzt noch leicht möglich, Pflanzabstände lassen sich noch korrigieren.

► Die Stauden werden so tief gesetzt, wie sie im Container getopft waren.

Mit der Hand wird danach der Boden kräftig angedrückt. Das Angießen dient nicht nur dazu, den Durst der Pflanze zu stillen.

Die Wurzeln sollen dicht in die Erde eingebettet werden.

TIPP

Besonders an heißen Tagen ist es kaum zu vermeiden, dass die Topfballen im Container schnell trocken werden. Vor allem Erden mit Torf nehmen nach völliger Austrocknung nur schwer wieder Wasser auf. Hier hilft ein Eimer mit Wasser, wo Sie den Container so lange untertauchen können, bis er sich mit Wasser vollgesogen hat.

Allgemeine Stückzahlen pro Quadratmeter anzugeben, ist wenig sinnvoll, weil jede Art einen anderen Ausbreitungsdrang und eine andere Wüchsigkeit hat. Im Durchschnitt rechnet man bei niedrigen Stauden 8–12 Stück, bei halbhohen 6 - 8 und bei hohen 4–6 Stück pro Quadratmeter.

Wollen Sie rasch ein verwachsenes Beet oder setzen Sie Bodendecker, so können Sie natürlich die Pflanzabstände auch enger wählen.

Bewässerung
Ein frisch gesetztes Beet sollte immer feucht bleiben, solange die Stauden noch nicht eingewurzelt sind. Für das spätere Gießen der Staudenbeete lohnt es sich, schon jetzt über automatische Bewässerungsanlagen nachdenken, wenn Sie wenig Zeit haben oder diese Arbeit gern anderen überlassen würden.

Dünne Tropfschläuche, die direkt am Boden bei den Pflanzen verlegt werden, sind wassersparend und effizient. Trotz der Vorteile müssen Sie aber bedenken, dass Arbeiten wie Harken, Bodenlockern, Jäten etc. durch die Schläuche erschwert werden. Die beste Zeit zum Gießen, ob per Hand oder computergesteuert, ist morgens und abends.

Düngen
Gut verrotteter Kompost ist ein Segen für den Garten. Aber auch die handelsüblichen, industriell hergestellten Langzeitdünger, die nur nach und nach ihre Nährstoffe freisetzen, haben sich bei Staudenbeeten bewährt. Gedüngt wird vor dem Aufbringen einer Mulchdecke.

Wenn von Düngung die Rede ist, sollte auch gesagt werden, dass viele Stauden mageren, nährstoffarmen Boden brauchen und daher im normalen Gartenboden nicht gedeihen. Diese Arten sind schwer zu kultivieren und gelten als ausgesprochene Liebhaberpflanzen. Zu ihnen gehören einige der schönsten Gartenstauden wie die Kuhschellen (*Pulsatilla*-Arten).

Andere, wie die Grasnelke *(Armeria maritima)*, die auf Felsen über dem Meer ihren natürlichen Standort hat, tolerieren zwar nährstofffreiche Böden, werden aber durch das Überangebot an Nährstoffen „übermästet“. Sie verlieren ihren charakteristischen, kompakten Polsterwuchs und vergreisen durch zu rasches Wachstum in der Mitte.

Rückschnitt
Polsterstauden und Immergrüne wie Blaukissen *(Aubrieta x cultorum)*, Schleifenblume *(Iberis sempervirens)*, Heiligenkraut *(Santolina chamaecyparissus)*, Lavendel oder Gänsekresse *(Arabis caucasica)* dürfen nicht jährlich zurückgeschnitten werden.

Tipp

Rindenmulch (mittel oder fein) aufs Beet aufgetragen, hilft nicht nur, das Keimen von Samenunkräutern zu verhindern.
Es hält (wie auch andere Mulchmaterialien) den Boden darunter feucht, indem es die Verdunstung herabsetzt. Bei frisch gesetzten Stauden wird die Rinde mit den Händen zwischen den Pflänzchen verteilt. Eine Dicke von rund 5 cm ist ausreichend.

Tipp

Schneiden Sie Gräser oder Blütenstauden mit hohlen Stängeln (z.B. Lupinen nach dem zweiten Flor) erst im zeitigen Frühjahr vor dem Austrieb zurück. Bei Schnitt im Herbst sammelt sich Wasser darin, das gefriert und die Pflanzen so weit schädigen kann, dass sie den Winter nicht überleben.

Wer dennoch trockene, braune Pflanzen im Herbst nicht schön findet, sollte auf Schnee und Raureif warten, die die Halme und Stängel zu bizarren, wunderschönen Winterbildern verwandeln.

Rückschnitt

Alte Stöcke von Lavendel oder „vergreistes“ Heiligenkraut benötigen einen radikalen „Verjüngungsschnitt“, um wieder schön und stattlich zu werden. Schütter gewordene Pölster von Schleifenblumen werden gleich nach der Blüte um ein Drittel zurückgeschnitten.

Anders bei Blaukissen, Gänsekresse, Grasnelke und horstbildenden Gräsern: um die in der Mitte braun und kahl gewordenen Pölster oder Horste wieder dicht zu begrünen, werden die „Löcher“ im Frühling mit frischer Erde gefüllt und feucht gehalten. Dadurch wird hier eine neue Bewurzelung angeregt, und die neuen Triebe schließen den Polster.

Es gibt eine Gruppe unter den Stauden, die ein zweites Mal blühen, wenn sie gleich nach dem ersten Flor 10 cm über dem Boden zurückgeschnitten werden. Dazu zählen unter anderem Feinstrahlastern (*Erigeron*-Hybriden), Rittersporn (*Delphinium*-Hybriden) und Lupinen (*Lupinus* x *hybridus*).

Die meisten Stauden blühen hingegen im Durchschnitt nur einmal im Jahr für einige Wochen. Danach kommt meist auch schon die Gartenschere, um mit den braunen Blüten gleich die ganze Pflanze „ordentlich“ zurückzuschneiden.

Stauden benötigen aber auch nach der Blüte noch Zeit, um sich weiter zu entwickeln, ihren natürlichen Jahreszyklus zu beenden und eventuell Reserven für das nächste Jahr anzulegen. Zu frühes Schneiden schadet oft mehr, als es nützt. Spätestens im Frühling sollten aber die abgestorbenen und braunen Teile entfernt werden, damit dem neuerwachten Leben „nichts im Wege steht“.

Pflanzenschutz

Es würde den Rahmen sprengen, hier über Pflanzenschutz bei Stauden zu schreiben. Spezielle Fachbücher helfen bei Problemen weiter.

Pflanzen am falschen Standort oder falsch behandelte Stauden sind anfälliger für Krankheiten und Schädlinge. Bevor Sie in Ihrem Garten nun mit Gift und Spritze zu hantieren beginnen, sollten Sie vielleicht doch auf andere Stauden ausweichen.

Biologischer Pflanzenschutz und ein Einkauf bei Gärtnereien in Ihrer Nähe, die bewährte, robuste Sorten für das jeweilige Klima züchten, sind weitere Möglichkeiten.

Verjüngung von vergreisten Polsterstauden

Verjüngen eines vergreisten Polsters der Grasnelke (Armeria maritima)

Kurzes, langes und ewiges Leben

Winterschutz

Der Winter kann in manchen Jahren eine kritische Zeit bedeuten, weil das oft warme Wetter in der Wintermitte die Pflanzen erwachen lässt. Die darauf folgenden Fröste im Februar oder März verursachen an Knospen und jungen Trieben häufig Schäden. Vor allem, wenn die isolierende Schneedecke fehlt und große Temperaturschwankungen zwischen den sonnigen Tagen und den sternklaren, kalten Nächten herrschen, ist mit Verlusten zu rechnen.

Kommen noch eisige Winde dazu, spricht man von den bei Gärtnern gefürchteten Barfrösten. Selbst „winterharte" Stauden können dann zurückfrieren, erholen sich aber dank ihrer großen Regenerationskraft rasch wieder.

Pflanzen aus milderen Gegenden wie dem Mittelmeerraum oder Afrika sind in extremen Wintern stark gefährdet, wie zum Beispiel die südafrikanische Fackellilie (*Kniphofia*-Arten) oder das Pampasgras *(Cortaderia selloana)* aus Südamerika.
Als Abdeckmaterial haben sich Fichtenzweige bewährt, weil sie weder zu dicht aufliegen noch im Laufe des Winters zusammensacken, wie es bei Laub der Fall sein kann.

Winterschutz beim Pampasgras (Cortaderia selloana): Der Blattschopf wird einfach zusammengebunden. Zusätzlichen Schutz bietet trockenes Laub, das mit Reisig zusammengehalten wird.

Tipp

Wenn Sie merken, dass sich einzelne Stauden im Beet nicht wohl fühlen und immer weniger statt mehr werden, kann das verschiedene Gründe haben.

Oft hilft ein rechtzeitiges Teilen und Umsetzen im zeitigen Frühling, und die Stauden erlangen wieder ihre gewohnte Üppigkeit.

Ein viel größeres Problem als die Kälte ist aber die stauende Nässe. Sie führt zu Fäulnis und zum Absterben der Pflanze. Grund dafür ist ein zu schwerer, lehmiger Boden, der Wasser nicht ausreichend abziehen lässt.

Was heißt „ausdauernd" genau?

Bei Sträuchern oder Bäumen ist man gewohnt, dass sie Jahrzehnte, ja Jahrhunderte überdauern. Stauden sind zwar auch mehrjährig, doch lässt sich ihre Lebensdauer mit derartigen Zeitspannen nicht vergleichen.

Einige von ihnen, wie die Kokardenblume *(Gaillardia* x *grandiflora)*, großblütige Margeriten (*Chrysanthemum*-Arten) oder das Mädchenauge *(Coreopsis grandiflora)* bilden rasch stattliche Pflanzen. Sie erschöpfen sich durch überreiches Blühen aber schon nach kurzer Zeit so sehr, dass sie sogar eingehen können. Durch rechtzeitiges Schneiden lässt sich das verhindern. Andere Stauden, wie die Pfingstrosen (*Paeonia*-Arten) oder das Schaublatt (*Rodgersia*-Arten), entwickeln sich nur langsam, sind dafür aber sehr langlebig.

Vermehrung von Stauden

Wenn Sie gerne Blatt für Blatt Ihre Erfolge beobachten möchten und Zeit, Geduld und Spaß an der Anzucht haben, dann versuchen Sie es doch einmal mit leicht vermehrbaren Stauden.
Von eigener Hand aufgezogene Pflänzchen wachsen einem besonders ans Herz. Zwei einfache Methoden werden hier vorgestellt.

Teilung

Alles, was Sie brauchen, sind kräftige, gesunde Mutterpflanzen. Die beste Zeit zum Teilen sind die Ruheperioden im zeitigen Frühling oder späten Herbst, seltener im Sommer.

Viele Stauden lassen sich durch Teilung wunderbar vermehren, und Sie können schöne Arten und vor allem Sorten aus Ihrem Garten weitergeben oder mit Nachbarn tauschen.

Im Gegensatz zur Aussaat sind die Tochterpflanzen stets absolut identisch mit der Mutterpflanze und zeichnen sich durch dieselben guten Eigenschaften aus, die Sie an jener so geschätzt haben.

Aussaat

Bunte Samenpackungen können sehr verführerisch sein. Viele Stauden verhalten sich tatsächlich unproblematisch beim Anbau, andere brauchen Spezialbedingungen, und selbst bei deren Einhaltung ist ein Erfolg nicht garantiert. Die meisten Stauden sind Dunkelkeimer, dass heißt, die Samen benötigen zur Keimung eine Abdeckung. Sie müssen also mit Erde, Torf oder Torfersatzpro-

Teilung

Teilung alter Stöcke mit Grabegabel oder Spaten und Verpflanzen an die neue Stelle. Lockere Stöcke können einfach mit der Hand und ein wenig Schütteln auseinander getrennt werden.

Teilung von fleischigen Rhizomen mit einem scharfen Messer und Setzen auf gleiches Niveau wie die Mutterpflanze. Hier: Iris x barbata-elatior, Teilung in der Sommerruhe nach der Blüte im Juli und August

dukten leicht übersiebt werden. Wenn die Jungpflanzen gut eingewurzelt sind, werden sie wie gekaufte Staudenpflanzen ins Freie gesetzt.

Tipp

Eine gute Zeit für den Anbau ist der zeitige Frühling. Die Aussaat kann Mitte bis Ende März erfolgen, leichte Fröste sind für die meisten Stauden kein Problem.

Stellen Sie die Saatkistchen an einer halbschattigen Stelle im Garten auf und achten Sie darauf, dass die Erde nie austrocknet.
Vorsicht!
Die Erde soll feucht, aber nicht nass sein, sonst kann es zu Fäulnis der Keimlinge kommen.

Aussaat

1.) Das am Boden mit Abzugslöchern versehene Saatkistchen wird mit angefeuchteter Anzuchterde (durchlässig, nährstoffarm) gefüllt und mit den Händen angedrückt.

2.) Flachdrücken der Erde mit einem Brettchen.

3.) Locker aus dem Handgelenk werden die Samen nicht zu dicht gestreut. Dunkle, auf der Erde schwer sichtbare oder sehr feine Samen können vor dem Säen mit hellem Sand gemischt werden.

***Bei Dunkelkeimern:** Übersieben mit Torf oder ähnlichem Substrat. Nochmals mit Brettchen andrücken. Angießen mit feiner Brause.*

Pikieren (Versetzen) der Sämlinge in Töpfe oder Kistchen. *Zu langes, dichtes Stehen im Saatkistchen lässt die Pflänzchen lang werden oder verursacht Krankheiten.*

Blütenstauden

Schmale Kerzen, gezipfelte Glocken, zarte Rispen und duftende Körbchen, Lippenblüten, Zungenblüten und Röhrenblüten, alabasterweiß bis zinnoberrot .... Unendlich viele Möglichkeiten stehen offen, Formen und Farben miteinander zu kombinieren.

Gestalten mit Blütenstauden

Ansprüche und Bedingungen

Stauden kommen in der Natur auf unterschiedlichen Standorten vor. Es ist immer interessant zu wissen, wo die Arten natürlich wachsen und wer ihre Nachbarn sind. Ob sie aus felsigen Wäldern und schattigen Schluchten Nordamerikas stammen, wie die Schaumblüte *(Tiarella wherryi)*, oder aus den trockenen und sonnigen Kieferwäldern der Türkei, wie das Brandkraut *(Phlomis samia)*, ihre Herkunft weist immer auch zugleich auf ihre Ansprüche hin. Im Garten finden sich Plätze mit unterschiedlichem Mikroklima: von der trockenen, vollsonnigen Terrassenböschung über den lichten Schatten der Birke bis zum tiefen Schatten unter einer Rosskastanie; dahinter verbirgt sich vielleicht eine feuchte Stelle gleich neben dem Brunnen oder der windgeschützte, nur am Nachmittag sonnige Streifen entlang einer Natursteinmauer. Schatten, Halbschatten oder volle Sonne, kalkliebend oder –meidend, feuchter oder trockener Standort, nährstoffreicher oder magerer Boden, das sind nur einige der Faktoren, die einen Platz im Garten charakterisieren. Es gibt Stauden wie den Frauenmantel *(Alchemilla mollis)*, die anpassungsfähiger sind, und andere wie Kugelprimeln *(Primula denticulata)*, die sehr empfindlich auf falsche

Bedingungen reagieren. Zu bedenken ist auch, dass die groß werdenden Gehölze den einst sonnigen Garten in einen schattigen verwandeln können. Einen schönen Staudengarten zu haben, bedeutet eben auch, als Gärtner stets durch Tauschen, Umgruppieren oder Hinzufügen verändernd in das Geschehen einzugreifen.

Vom richtigen Zeitpunkt

Stauden haben, anders als Sommerblumen, nur eine relativ kurze Blütezeit. Eine Kombination von blühenden Stauden kann daher nur zu einer bestimmten Jahreszeit optimal aussehen. Sie müssen eine Entscheidung treffen: Soll das Beet vorwiegend im Frühling, im Sommer oder im Herbst blühen?

Höhen und Tiefen

Ein gut komponiertes Beet ist auch im Aufbau der verschiedenen Wuchshöhen durchdacht. Die Kleinen zuerst, dann die Halbhohen, und die Größten finden sich an jener Stelle, wo sie erhaben auf die anderen herunterblicken können. Der gestaffelte Aufbau nach englischem Muster wirkt durch seine strenge Geometrie sicherlich faszinierend. Beete, wo sich kleine Buchten von niederen Bodendeckern hindurchschlängeln und Nischen neben hohen und halbhohen Staudengruppen entstehen, haben aber auch ihren Reiz.

Kontraste durch unterschiedliche Wuchsformen sieht man selten, sie schaffen jedoch überraschende Bilder wie dieses: Aus einem Meer von lockeren, blühenden Wolken des Frauenmantels *(Alchemilla mollis)* ragen die glatten, hohen Stiele des Riesenlauches *(Allium giganteum)* mit ihren großen Blütenbällen empor. Die Spannung zwischen der strengen, hohen und der niedrigen, duftigen Staude wird dadurch verstärkt, dass die langen, geraden Blütenschäfte des Lauches fast zur Gänze sichtbar sind, während sie in einem klassischen Beet kaum zur Geltung kommen.

Die Farbe der Blüten

Es ist bezeichnend, dass sich gerade eine Malerin wie die Engländerin Gertrude Jekyll zu Beginn des 20. Jahrhunderts mit dieser Frage intensiv auseinandergesetzt hat und das Anlegen von Staudenbeeten zu einer künstlerischen Disziplin weiterentwickelte. Sie war eine der ersten, die vorschlug, Beete und wegbegleitende Pflanzungen in *einer* Farbe zu gestalten. Die Ton-in-Ton-Gestaltung lenkt den Blick beim Näherkommen interessanterweise von der dominanten Farbe auf die verschiedenen Formen der Blüten wie zierliche Glocken, große Trichter, schlanke Ähren oder überhängende Trauben. So schön diese berühmten weißen oder ganz in Gelb leuchtenden Gärten auch sind, sie wirken nur

◄ *Eine Kombination für den Herbst: Fetthenne (Sedum telephium) und Kissenaster (Aster dumosus) im sonnigen Beet.*

> **TIPP**
>
> *Wenn Sie Rabatten nach Höhen staffeln, achten Sie besonders auf die Sorten. Manche als hoch bekannte Stauden wurden durch Züchtung zu Zwergen gemacht. So gibt es zum Beispiel von den Goldruten (Solidago x hybrida) die 30 cm niedrige Sorte 'Goldzwerg' wie auch die 120 cm hohe 'Goldstrahl'.*

In der Familie der Korbblütler sehen sogar Gattungen einander so ähnlich, dass man Sonnenhut (Rudbeckia fulgida 'Goldsturm') mit Sonnenauge (Heliopsis scabra) oder anderen wie Sonnenbraut (Helenium), Mädchenauge (Coreopsis), Kokardenblume (Gaillardia) oder Margeriten (Chrysanthemum) hervorragend mischen kann, ohne Unruhe zu stiften.

deswegen so faszinierend, weil alle Stauden zur selben Zeit blühen. Sie sind ein wenige Wochen dauerndes Schauspiel. Bunte Beete bieten hingegen die Möglichkeit, Höhepunkte über das ganze Jahr zu streuen, auch wenn sie zu einer bestimmten Zeit am besten aussehen mögen. Das macht sie auch so beliebt. Wenn zu den Farben aber noch zu viele Blütenformen kommen, kann das für das Auge leicht verwirrend sein.

Die Harmonie in einem Beet beruht vorwiegend auf dem Element der Wiederholung. Mehrere Sorten einer Staude mit verschiedenen Farben oder Schattierungen in einem Beet verwendet, ergeben einen raffinierten Rhythmus.

Eine weitere Möglichkeit, mit Farben zu spielen, sind starke Kontraste. Kühles Blau oder dunkles Lila neben strahlendem Gelb sind ein Kontrast aus zwei sehr gegensätzlichen Farben. Eine andere, „poppigere" Form sind Mischungen von knapper beieinanderliegenden Tönen. Sattes Orange und purpurnes Rosa bilden eine grelle Kombination, die manche vielleicht auch als zu schreiend oder unharmomisch empfinden.

Weiß ist bei Blüten nicht nur häufig zu finden, es wirkt zudem neutral und kann mit jeder beliebigen Farbe kombi-

Knallige Farben für den Sommer: Flammenblume (Phlox paniculata) neben Taglilie (Hemerocallis-Hybriden 'Crimson Pirate')

niert werden. Wolkige, zarte Stauden wie das Schleierkraut *(Gypsophila paniculata)* sind die „Weichzeichner" im Beet wie auch im Blumenstrauß: sie lockern auf und mildern Kontraste, ohne sich selbst aufzudrängen.

Ordnung oder Chaos

Heute kommt man immer mehr von der „Fleck-an-Fleck-Pflanzung" (wie in Skizze auf Seite 13) ab und versucht, ein Ineinanderfließen

TIPP

Stauden mit weiß filzigen oder pelzig behaarten Blättern wie Hornkraut (Cerastium tomentosum) oder Wollziest (Stachys lanata) sind gute Pflanzen für den Vordergrund. Sie wirken weich und ihr „Teppich" aus Blättern bleibt das ganze Jahr über schön.

Die silbergrauen Edelrauten (Artemisia-Arten) sind durch ihren lockeren Wuchs und ihre fein gegliederten Blätter als zurückhaltende Füllpflanzen zwischen den hohen, farbenprächtigen Beetstauden sehr wertvoll.

der verschiedenen Arten und Sorten zu erreichen. Das macht die Pflege nicht unbedingt leichter, weil das beobachtende Auge des Gärtners umso mehr gefragt ist. Schwächer wüchsige Pflanzen, die man bei der gesamten Komposition nicht missen möchte, werden bald durch stärkere verdrängt. Spaten und Schere sind nicht leicht zu handhaben in einem solchen Beet, denn klare Abgrenzungen sind nicht ersichtlich. Wo die eine Pflanze anfängt und die andere aufhört, ist im Getümmel schwer auszumachen. Oft genug werden wir bei der Kombination von Stauden feststellen müssen, dass wir zu wenig über die Ausbreitungs- und Konkurrenzkräfte der Pflanzen wissen. Man muss immer mit Überraschungen rechnen.

Englische Vorbilder

Um es gleich vorweg zu sagen: Es ist ein Unsinn, englische „Staudenkompositio-

◄ ***Gewünschtes Durcheinander:* Drachenmaul (*Horminum pyrenaicum* 'Rubrum'), blühender Bärenfellschwingel (*Festuca scoparia*) und der Weiße Stern von Bethlehem (*Ornithogalum umbellatum*), eine Zwiebelpflanze.**

nen" aus Büchern bei uns auf Punkt und Beistrich genau nachzusetzen. Sie können höchstens als Anregung dienen. Abgesehen davon, dass viele Sorten in Büchern ungenau angegeben werden, sind manche in Kontinentaleuropa gar nicht erhältlich oder aus dem Handel verschwunden. Englische Gärtner arbeiten viel mehr mit Sorten und Farbnuancen, daher ist auch das Angebot an Spielarten einer Staude ungleich größer.

Noël Kingsbury, einer der großen, neuen Staudenspezialisten am englischen Gartengestalterhimmel, hat davor gewarnt, Beispiele aus seiner Heimat hierzulande bedingungslos zu übernehmen.

Das englische Wetter bringt häufig bedeckten Himmel mit sich. Im weichen Licht wirken blasse Pastellfarben bei den Blüten besonders schön. Das doch wesentlich härtere, direkte Licht eines normalen Sommertages in unseren Breiten schluckt viele dieser schönen, aber schwachen Farben, besonders bei zierlichen und kleinen Blütenformen. Sie kommen nicht so zur Geltung, wie es wünschenswert wäre.

Ein Beet wie ein Blumenstrauß: Mädesüß (Filipendula) zwischen Edelpfingstrosen (Paeonia-Lactiflora-Hybriden)

Allein oder in Gesellschaft?

Es gibt Stauden, die nur in der Masse wirken und andere, die am Besten für sich alleine stehen. Aus der Ferne betrachtet ziehen beide die Blicke auf sich: die einen durch das Meer an gleichfarbigen Blüten, die anderen durch Höhe und eigenwillige Gestalt. Stauden mit Solitärcharakter sollten dort gepflanzt werden, wo sie mit ihrer Wirkung auch auftrumpfen können. Das Pampasgras *(Cortaderia selloana)* mit seinem weithin sichtbaren, silbrigen Federschweif könnte an einer Ecke der Terrasse stehen, auf die der Blick aus dem Fenster fällt.

TIPP

Eine ganze Palette an Zwiebelpflanzen steht zur Verfügung, um gemeinsam mit früh blühenden Stauden Bilder zu malen: Die Wildtulpe Tulipa tarda taucht aus den weißen Pölstern der Gänsekresse (Arabis caucasica) auf, blaue Traubenhyazinthen leuchten aus gelben Wolken von Steinkraut (Alyssum saxatile 'Citrinum').

Einfach blühende Pfingstrose (Paeonia officinalis) und Chinesische Goldrose (Rosa hugonis) sind im Mai ein schönes Paar.

Goldwolfsmilch (Euphorbia polychroma)

Steppenkerzen (*Eremurus*-Arten) und Rittersporn (*Delphinium*-Arten) sind durch die Architektur ihrer Blütenstände ein guter Blickfang in jenem Teil des Beetes, der von einem Weg aus am Besten zu sehen ist.

Einige Solitärstauden passen sehr gut zur Architektur. Es sind meist Pflanzen, die weniger durch ihre Blüten, sondern durch die „grafische" Form ihrer Blätter oder durch die „geometrische" Art ihres Wuchses beeindrucken. Der Federmohn *(Macleya cordata)* gehört hierher wie auch Bärenklau *(Acanthus-*Arten*)* und viele Gräser. Es gibt auch weniger imposante Stauden, die gerne allein gepflanzt werden, weil sie nur so ihre typische Gestalt ausbilden können. Die Goldwolfsmilch *(Euphorbia polychroma)* hat einen perfekt halbkugeligen Wuchs. Was aber nicht heißt, dass man sie nicht auch in größeren Gruppen verwenden kann.

Das gemischte Beet

Leider haben oft besonders intensiv blühende Stauden den Nachteil, dass sie rasch nach der Blüte einziehen, so zum Beispiel der Türkische Mohn *(Papaver orientale)*.

Man kann sich damit helfen, dass man Staudenpartner zu ihnen gesellt, die sich gerade dann üppig entfalten. Dazu eignen sich auch wüchsige Sommerblumen wie Schmuckkörbchen *(Cosmos bipinnatus)* oder Kapuzinerkresse *(Tropaeolum majus)*.

Andere Stauden benötigen überhaupt erst Jahre, bis sie sich zu stattlichen Pflanzen entwickeln, wie manche Farne, Pfingstrosen (*Paeonia*-Arten) oder das Schaublatt (*Rodgersia*-Arten).

Hier bieten sich zweijährige Pflanzen als willkommene „Lückenbüßer" an, wie Königskerzen (*Verbascum*-Arten), Fingerhut *(Digitalis purpurea)*, Bartnelken *(Dianthus barbatus)* oder Vergissmeinnicht *(Myosotis sylvatica)*. Kommen noch die Gehölze ins Spiel, so wachsen die Möglichkeiten ins Unendliche. Sträucher und Bäume geben die grobe Struktur vor, Stauden vollenden in den Details.

► ***Im Moorbeet unter Rhododendron schlippenbachii findet das Dreiblatt (Trillium sessile) ideale Bedingungen vor. An der Mauer hat sich Gelber Lerchensporn (Corydalis lutea) von selbst ausgesät und könnte nicht besser passen.***

Blütenstauden im Garten verwenden

Die folgenden wie auch alle weiteren Tabellen des Buches können nur eine Auswahl aus der unbegrenzten Vielfalt der Stauden bieten. Wir haben jene ausgewählt, mit denen wir selbst gute Erfahrungen gemacht haben.

Vier typische Bereiche für Blütenstauden im Garten werden vorgestellt: Steingarten, Schattenbeet, Uferbepflanzung und die klassische Rabatte in der Sonne.

Weiche, runde Formen überdecken die kantigen Konturen: Zwischen Moosen und Steinen klettern Pölster der Leinblütigen Miere (Minuartia liniflora) und des Lavendels (Lavandula angustifolia) empor.

Am Schwimmteich: Mädchenauge (Coreopsis verticillata 'Zagreb') und Felberich (Lysimachia punctata) wachsen bereits außerhalb der Teichfolie. Blütenstauden am Ufer machen den Teich zur Badesaison bunt.

Im Schattenbeet: Bärlauch (Allium ursinum) und Salomonssiegel (Polygonatum odoratum), dazwischen Ruprechtsfarn (Gymnocarpium robertianum)

Der Stein- und noch viel mehr der Alpengarten sind für viele ein Ort, an dem botanische Schätze aus aller Welt mit Leidenschaft zusammengetragen, gesammelt und behütet werden. Die Zwergiris-Hybriden (Oncobreed-Gruppe) sind solch ein Juwel.

Empfehlenswerte Blütenstauden für den Steingarten

Name	Sorten	Blüten-farbe	Blüte-zeit	mittlere Höhe	Bemerkungen
Steinkraut *Alyssum saxatile*	'Citrinum'	hellgelb	4–5	25 cm	siehe Porträt Seite 85
Gänsekresse *Arabis caucasica*	'Schneehaube'	weiß	3–4	20 cm	für Mauerkronen, Mauerfugen oder zwischen Steinen, anspruchslos, schön mit Wildtulpen und Zwergiris
Grasnelke *Armeria maritima*	'Düsseldorfer Stolz'	rosa-rot	5–6	15 cm	braucht Trockenheit im Sommer, grasähnliche, immergrüne Pölster
Alpenaster *Aster alpinus*	'Dunkle Schöne'	dunkellila	5–6	25 cm	durch Teilung alle 3 Jahre Pflanzen verjüngen
Blaukissen *Aubrieta x cultorum*	'Gartenstadt'	blaulila	4–5	10 cm	für Mauerkronen, Mauerfugen oder zwischen Steinen, anspruchslos, auch für größere Flächen
Zwergglockenblume *Campanula portenschlagiana*		blau	6–7	15 cm	ausgesprochen anspruchslos, langlebig, Nachblüte im Herbst, auch für Mauerfugen
Heidenelke *Dianthus deltoides*	'Leuchtfunk'	rosa-rot	6–8	15 cm	später Blüher im Steingarten, auch für Mauerfugen
Silberwurz *Dryas x suendermannii*		weiß	5–7	15 cm	auch für größere Flächen, schöne Fruchtstände
Herbstenzian *Gentiana sino-ornata*		blau	9–10	15 cm	liebt Halbschatten, für kalkfreie, feuchtere Böden
Kriechendes Schleierkraut *Gypsophila repens*	'Rosenschleier'	rosa	7–8	30 cm	für Mauerkronen, Mauerfugen oder zwischen Steinen
Sonnenröschen *Helianthemum x hybridum*	'Supreme'	rot	6–7	25 cm	auch für größere Flächen geeignet, anspruchslos
Johanniskraut *Hypericum polyphyllum*		gelb	6–7	15 cm	zwischen Steinen, zierlicher Blüher
Schleifenblume *Iberis sempervirens*	'Schneeflocke'	weiß	4–6	25 cm	alte, aber unübertroffene Sorte, zählebig, für Mauerkronen ideal
Niedr. Bartiris *Iris x barbata-nana*	-unzählige Sorten-		4–5	15–30 cm	große Einzelblüten in weiß, gelb, rot, blau, lila, für kleine Gruppen
Kuhschelle *Pulsatilla vulgaris*	'Rote Glocke'	rot	3–4	15 cm	siehe Porträt Seite 79
Seifenkraut *Saponaria ocymoides*		rosa	5–7	15 cm	anspruchslos, für Mauerkronen, Mauerfugen oder zwischen Steinen
Steinbrech *Saxifraga x arendsii*	'Peter Pan'	rot	5	15 cm	anspruchslos, für den Halbschatten
Thymian *Thymus serpyllum*	'Purple Beauty'	rosa-rot	6–8	10 cm	auch für größere Flächen geeignet

Ähnliche Bedingungen wie im Steingarten bestimmen auch Trockenmauern, Wurfsteinmauern, bepflanzte Tröge oder, wie hier, den Rand einer Natursteintreppe, wo das Blaukissen Aubrieta x cultorum 'Gloriosa' ein schöner Wegbegleiter ist.

Niedr. Bartiris, Iris x barbata-nana 'Green Spot'

Empfehlenswerte Blütenstauden für ein Beet im Schatten

Name	Sorten	Blütenfarbe	Blütezeit	mittlere Höhe	Bemerkungen
Japanische Herbstanemone *Anemone-Japonica-Hybriden*	'Honorine Jobert'	weiß	8–10	80 cm	siehe Porträt Seite 74
Waldanemone *Anemone sylvestris*		weiß	4–5	30 cm	Wildstaude, schön als Auflockerung in Teppichen aus Immergrün *(Vinca minor)*, anspruchslos
Waldgeißbart *Aruncus dioicus*		weiß	6–7	160 cm	siehe Porträt Seite 72
Prachtspiere, Astilbe *Astilbe*-Arten	- unzählige Sorten -		6–9	20-100 cm	wunderschöne, aber etwas anspruchsvolle Gruppenstaude in weiß, creme, rosa oder rot
Waldglockenblume *Campanula latifolia macrantha*		lilablau	6–7	100 cm	große Glocken, zieht früh ein
Silberkerze *Cimicifuga simplex*	'Armleuchter'	weiß	9–10	140 cm	siehe Porträt Seite 78
Maiglöckchen *Convallaria majalis*	'Grandiflora'	weiß	5	20 cm	duftend, Pflanze zieht nach der Blüte ein
Schneerose *Helleborus niger*		weiß	12–3	25 cm	einer der ersten Frühlingsboten, langlebige Staude aus Großmutters Zeiten
Funkien *Hosta-Arten*	- unzählige Sorten -		6–9	15–90 cm	äußerst wertvolle Stauden, zieren durch Blätter und/oder Blüten
Frühlingsplatterbse *Lathyrus vernus*	'Rosenelfe'	hellrosa	4–5	25 cm	auch für Vollschatten, als Auflockerung in Bodendeckern
Schildblatt *Peltiphyllum peltatum*		rosa	4–5	80 cm	lang gestielte Blüten erscheinen vor den großen, kreisrunden Blättern
Salomonssiegel *Polygonatum odoratum*		weiß	5–6	50 cm	auch für Vollschatten, graziler, bogiger Wuchs, blaue Beeren als Fruchtschmuck
Knöterich *Polygonum bistorta*	'Superbum'	rosa	5–8	70 cm	anspruchslos, kann wuchern
Kugelprimel *Primula denticulata*	'Rubin'	purpur	4–5	20 cm	auffällige Blütenbällchen, schöne Art, aber anspruchsvoll
Sumpfprimel *Primula florindae*		hellgelb	7–8	50 cm	sommerblühende, hohe Primel für den lichten Schatten und feuchteren Boden
Schaublatt *Rodgersia aesculifolia*		weiß	6–7	70–100 cm	siehe Porträt Seite 90

Schneerose (Helleborus niger)

Knöterich (Polygonum bistorta)

Blüte von Schildblatt (Peltiphyllum peltatum)

Uferbepflanzung

Die Planung von Biotopen oder Schwimmteichen endet leider oft am Rand der Abdichtungsfolie. Sumpf- und Wasserpflanzen gedeihen zwar, doch rundherum fehlen jene Stauden, die einen Teich erst in den übrigen Garten einbinden. Sie wurzeln in normal feuchtem Gartenboden, ihr üppiges Wachstum und ihr „sprudelnder" Charakter machen den Teichrand zu einem natürlich wirkenden Ufer.

Empfehlenswerte Blütenstauden rund um einen Teich (Sonne bis Halbschatten)

Name	Sorten	Blütenfarbe	Blütezeit	mittlere Höhe	Bemerkungen
Weiße Schafgarbe *Achillea ptarmica*	'Ballerina'	weiß	6–9	50 cm	wuchert, Wild staudencharakter, liebt feuchteren Boden
Frauenmantel *Alchemilla mollis*		gelbgrün	6–7	40 cm	anspruchslos, sehr schön nach Regen oder Tau durch Wasserperlen auf den Blättern, auch im Schatten möglich
Mädchenauge *Coreopsis verticillata*	'Zagreb'	gelb	6–9	50 cm	blüht unermüdlich, kompakter Wuchs und dennoch zierlich durch fast nadelförmige Blätter
Wasserdost *Eupatorium purpureum*	'Atropurpureum'	weinrot	7–9	180 cm	anspruchslos, fällt nicht um, imposante Staude, liebt feuchteren Boden
Mädesüß *Filipendula ulmaria*		weiß	6–7	180 cm	passt gut zu Blutweiderich, liebt feuchteren Boden
Weidenblättr. Sonnenblume *Helianthus salicifolius*		gelb	9–10	200 cm	Solitärstaude mit exotischem Wuchs, erinnert entfernt an Papyrus
Taglilie *Hemerocallis x hybrida*	- unzählige Sorten -		5–9	40–120 cm	langlebige, robuste Gruppenstaude mit gelben, orangen o. roten Trichterblüten
Sibirische Wieseniris *Iris sibirica*	'Emperor'	blau	6	100 cm	siehe Porträt Seite 88
Kreuzkraut *Ligularia*-Arten		gelb	7–9	100–180 cm	wirken sowohl durch schöne Blätter als auch Blüten, für Halbschatten, auch bei Schnecken beliebt!
Felberich *Lysimachia punctata*		gelb	7–8	80 cm	siehe Porträt Seite 83
Blutweiderich *Lythrum salicaria*	'Feuerkerze'	purpur	6–8	150 cm	guter Kontrast zu den vielen gelbblühenden Stauden, Wildstaudencharakter, lange Blütezeit
Dreimasterblume *Tradescantia x andersoniana*	'Blue Stone'	blau	6–8	40 cm	anspruchslos, lange Blütezeit, kann umfallen
Kerzenehrenpreis *Veronica longifolia*	'Blauriesin'	blau	7–8	80 cm	Gruppenstaude, lange, schmale Blütenstände, gut im Hintergrund von Mädchenaugen

Dreimasterblume (Tradescantia X andersoniana)

Goldfelberich (Lysimachia punctata)

Taglilie (Hemerocallis-Hybriden)

Empfehlenswerte Blütenstauden für die klassische Rabatte in der Sonne

Name	Sorten	Blütenfarbe	Blütezeit	mittlere Höhe	Bemerkungen
Schafgarbe *Achillea filipendulina*	'Parker'	sattgelb	6–9	120 cm	lange Blütezeit, Rückschnitt handhoch nach der Blüte fördert Nachblüte im Herbst, zum Trocknen
Akelei *Aquilegia caerulea*	-viele Sorten-		5–6	30–70 cm	gute Beetstaude, gedeiht auch im Halbschatten
Astern *Aster*-Arten	-unzählige Sorten-		5–10	20–140 cm	frühjahrsblühende bis herbstblühenden Arten in den Farben Rot, Blau, Rosa, Lila, Gelb, Weiß
Riesenflockenblume *Centaurea macrocephala*		gelb	7–8	100 cm	imposante Einzelblüten, für sehr trockene Plätze
Winteraster *Chrysanthemum x hortorum (= Chrys.-Indicum-Hybriden)*	'Kleiner Bernstein'	orange	9–10	50 cm	siehe Porträt Seite 77
Rittersporn *Delphinium x cultorum*	'Black Knight'	dunkelblau	6–7, 9	150 cm	eine wunderschöne Sorte aus der Pacific-Gruppe, Rückschnitt handhoch nach der Blüte fördert Nachblüte im Herbst
Feinstrahlaster *Erigeron x hybridus*	'Rosa Triumph'	rosa	6–8	60 cm	Rückschnitt handhoch nach der Blüte fördert Nachblüte im Herbst
Kokardenblume *Gaillardia x grandiflora*	'Kobold'	gelb-rot	6–8	50 cm	durch überreiches Blühen oft kurzlebig
Sonnenbraut *Helenium x hybridum*	'Waltraut'	goldbraun	8–9	90 cm	mehrere Sorten kombiniert wirken noch schöner, welkt rasch bei Trockenheit, wertvoller, Spätsommerblüher
Hohe Bartiris *Iris x barbata-elatior*	-unzählige Sorten-		5–6	60–100 cm	in allen Blütenfarben einschließlich braun und schwarz, seit Hunderten Jahren in Kultur, für trockene Plätze, Ausfälle bei Winternässe
Fackellilie *Kniphofia uvaria*	'Grandiflora'	gelb-rot	7–9	90 cm	siehe Porträt Seite 75
Prachtscharte *Liatris spicata*	'Kobold'	purpur	7–9	60 cm	grasartiger Horst, Ähren blühen von o. nach u. auf, auch weiße Sorte 'Floristan'
Lupine *Lupinus x hybridus*	'Kronleuchter'	gelb	4–6	90 cm	in Vollblüte tonangebend in der Rabatte, Rückschnitt nach der Blüte
Indianernessel *Monarda x hybrida*	'Schneewittchen'	weiß	7–8	90 cm	schön für weiße Ton-in-Ton-Rabatten, auch für Halbschatten, Blätter aromatisch duftend
Edelpfingstrose *Paeonia-Lactiflora-Hybriden*	'Sarah Bernhardt'	hellrosa	5–6	90 cm	siehe Porträt Seite 84
Türkischer Mohn *Papaver orientale*	'Beauty of Livermere'	rot	5–7	100 cm	siehe Porträt Seite 81
Flammenblume *Phlox paniculata*	'Düsterlohe'	dunkellila	7–9	80 cm	anspruchsvoll, braucht wenig kalkhalt. Boden, bis in den Spätsommer, viele Sorten
Sonnenhut *Rudbeckia fulgida*	'Goldsturm'	goldgelb	8–10	70 cm	auch für größere Flächen, robust, anspruchslos, lange Blütezeit bis Spätsom.
Salbei *Salvia nemorosa*	'Mainacht'	dunkelblau	6–7	40 cm	Rückschnitt handhoch nach der Blüte fördert Nachblüte im Herbst, eindrucksvolle Gruppenstaude für den Vordergrund
Ehrenpreis *Veronica spicata*	'Rotfuchs'	rosa	6–7	35 cm	grazile Gruppenstaude

Wildstauden

Die Natur ist voller Exotik. Wer nach bizarren Blüten und extravaganten Blättern sucht, wird bei Wildstauden fündig werden – stehen doch Gewächse aus aller Welt zur Auswahl.

Die edlen Wilden

Nicht so sehr große Blüten, ausgefallene Farben und besonders üppiger Flor wie bei Rittersporn, Lupinen oder Kokardenblumen sind es, was Wildstauden so interessant macht. Ganz im Gegenteil. Ihre Blütezeit ist oft kurz, und die viel kleineren Blüten können sich mit Gartenhybriden nicht messen. Dennoch ist ihre Beliebtheit in den letzten Jahren stetig gestiegen. Ihr natürlicher Charme, ihr einfacher und schlichter Charakter haben einen unwiderstehlichen Reiz und ziehen immer mehr Gärtner in ihren Bann. Auch der Rittersporn hat einst seine Karriere als Wildstaude begonnen, bevor ihn die Züchtung entdeckte.

Wildstauden müssen keine heimischen Pflanzen sein, sie stammen aus der ganzen Welt. Das einzige Unterscheidungskriterium zu den Beet- oder Prachtstauden ist, dass sie züchterisch kaum oder gar nicht bearbeitet worden sind. Die in der Gärtnerei erhältlichen „Wildstauden" entsprechen also noch weitgehend den ursprünglichen Pflanzen. Die Grenze ist fließend und verläuft wohl für jeden woanders. Den eleganten Bärenklau *(Acanthus-Arten)* aus dem Mittelmeer-

Wildstauden am Gehölzrand: gelbe Taglilie (Hemerocallis lilio-asphodelus), hellrosa Diptam (Dictamnus albus) und dunkelrosa Pechnelke (Lychnis viscaria)

gebiet, dessen Blätter die alten Griechen auf korinthischen Säulen in Stein meißelten, zählen manche ebenso zu den Wildstauden wie die heimischen, dagegen bescheiden wirkenden Leberblümchen *(Hepatica nobilis)* oder Gelben Windröschen *(Anemone ranunculoides)*.

Es gibt von Wildstauden nur wenige Sorten, wenn nicht überhaupt nur Arten angeboten werden. Einigen Beetstauden wie der Akelei *(Aquilegia caerulea)*, die sehr naturbelassen und robust wirken, gestehen manche „Wildstaudencharakter" zu, obwohl sie bereits auf eine lange Tradition in den Gärtnereien zurückblicken können.

Gepflegte Wildnis

Einige Wildstauden breiten sich schnell im Garten aus. Solche Wucherer sollten nur an jene Stellen gesetzt werden, wo kräftiges Wachstum möglich oder sogar erwünscht ist. Weit verbreitet ist die Ansicht, dass Wildstauden keine Arbeit machen, weil sie

► *Der Bärenklau (Acanthus longifolius) wächst in Wäldern und Gebüschen auf felsigen Hügeln des Balkans.*

Um besonders starkwüchsigen Stauden oder Sommerblumen Einhalt zu gebieten, ist eine Abgrenzung mit hochkant ins Mörtelbett verlegten Klinkern eine dauerhafte und zugleich schöne Lösung.

„in der Natur ja auch niemand pflegt". Gerade weil sie nicht für Gärten gezüchtet worden sind, erfordern Pflanzungen mit Wildstauden manchmal besondere Kenntnisse über deren Ansprüche und viel gärtnerische Betreuung.

Die einen werden im Garten mit Nährstoffen übermästet, geraten aus der Form, verdrängen andere oder werden anfällig für Krankheiten. Die anderen sind den Bedingungen oder der ungewohnten Konkurrenz nicht gewachsen, kümmern dahin und verschwinden schließlich ganz, wenn der Gärtner hier nicht regulierend eingreift.

Spezialisten für schwierige Standorte

Gerade für jene Plätze im Garten, die sich mit Beetstauden nur schwer besiedeln lassen, bieten sich Wildstauden an. Das können zum Beispiel extrem trockene oder Standorte im Vollschatten sein, an denen Wildstauden ähnliche Bedingungen wie auf den Felsen oder im tiefen Wald ihrer Heimat vorfinden.

Das heimische Gelbe Windröschen (Anemone ranunculoides) blüht in feuchteren Mischwäldern und Auwäldern, bevor die Bäume ihr Blätterdach schließen.

Solch extreme Trockenheit und pralle Sonne, wie sie auf begrünten Dächern herrschen, werden nur von Wildstauden wie dem Mauerpfeffer (Sedum-Arten) toleriert.

Im schattigen Park dieses Schlosses im französischen Loiretal breiten die Zyklamen im Herbst einen rosaweißen Teppich aus.

Blattriesen und Bodendecker

Formen und Farben der Blätter können überraschende Bilder im Garten schaffen.

Einige Stauden zieren mit wahrhaft riesenhaftem Grün, andere breiten Teppiche aus unzähligen, kleinen Blättern aus.

Stauden mit großen Blättern

Vom Ursprung der Namen

Die einen werden mit Elefantenohren verglichen, andere ziehen das urtümliche Mammut als Größenvergleich heran.

Schon ihre Namen klingen vielversprechend. Riesenschilf und Pfahlrohr, Bärenklau (auch unter Herkulesstaude bekannt), Schaublatt und Schildblatt nennen sich nur einige Vertreter der Großblattstauden.

Manche von ihnen werden bis 4 m hoch und entwickeln an der Basis Blätter von gut 1 m Durchmesser. Eine gewaltige Leistung der Natur, wenn man bedenkt, daß nur wenige Monate dafür zur Verfügung stehen, ehe die Oktoberfröste dem Ungetüm ein Ende setzen.

Eine Frage der Versorgung

Um zu solchen Zuwächsen in so kurzer Zeit zu kommen, brauchen die Blätter eine optimale Versorgung mit Wasser und Nährstoffen. Es ist daher nicht verwunderlich, dass viele Arten zumindest in Wassernähe und nur auf einem frischen, nährstoffreichen Boden gedeihen.

Nicht wenige der Großblattstauden sind von Natur aus im Schatten oder Halbschatten angesiedelt, um der Gefahr der Vertrocknung durch eine zu hohe Verdunstung zu entgehen.

Von edlen Formen und plumpem „Gemüse"

In der Gartengestaltung kam den großblättrigen Stauden von Anfang an eine besondere Bedeutung zu. Viele von ihnen lassen sich wegen der eindrucksvollen Gestalt ihrer Blätter und Blüten ideal für eine Solitärstellung verwenden. Dazu kommt, dass die überwiegende Mehrheit bei uns nicht heimisch ist und durch ihr exotisches Aussehen den Reiz einer fremden und überseeischen Urlandschaft vermittelt, obwohl sich das mit den natürlichen Standorten in der Heimat nur in den seltensten Fällen deckt.

Unverzichtbar sind sie jedoch in der Gestaltung von stimmungsvollen Beeten im Schatten und Halbschatten.

Die kraftvollen, üppigen Blätter von Stauden wie der Blaublattfunkie *(Hosta sieboldiana* var. *elegans)*, des Schaublattes (*Rodgersia*-Arten), des Kreuzkrautes (*Ligularia*-Arten) oder eines Waldgeißbartes *(Aruncus dioicus)* machen aus einem kahlen, braunen Fleck unter einem Baum erst den wirkungsvollen Dschungel. Erschaffen, ja geflochten aus den verschiedenen Blattstrukturen und -farben, ergeben sich effektvolle Bilder.

Nicht wenige Wochen im Jahr, wie es bei den meisten Blütenstauden der Fall ist, zieren sie den Garten, sondern vom Austrieb im Frühjahr bis zum späten Herbst. Manchmal sogar im Winter, wenn der Reif seinen weißen Zauber über die Blätter breitet.

So gehören Stauden wie Riesensteinbrech oder Funkie zum Standardsortiment unserer Gärtnereien. Eine weitere Verwendungsmöglichkeit bietet der Ufersaum eines Teiches, wo viele Arten auch ihren natürlichen Standort haben. Ob Kreuzkraut (*Ligularia*-Arten) oder Schildblatt *(Peltiphyllum peltatum)*: neben den schönen Blüten tragen auch die Blätter zum Gesamtbild einer natürlich gewachsenen Uferlandschaft bei. Überall, wo reichlich Wasser vorhanden ist, können Blätter wuchern.

Unaufhörlich entwickelt sich Blatt um Blatt in „verschwenderischer" Größe, „sprudelt" aus dem Boden hervor, stetig wie aus einer Quelle, und deutet mit jeder Ader an: hier ist reichlich Leben, hier herrscht kein Mangel.

Funkie und Riesensteinbrech

Die herzförmigen, tief geäderten und runzeligen Blätter der Großen Blaublattfunkie *(Hosta sieboldiana* var. *elegans)* gelten als die größten und vielleicht auch schönsten der Gattung *Hosta*. Sie sind gut 30 cm breit und lang und bilden dank ihrer kräftigen Stiele beachtliche Horste von etwa 60 cm Höhe. Über den markanten Blatthügeln erscheinen im Juli dichte Trauben von trichterförmigen,

► *Sumpfpflanzen wie der Riesenaronstab (Lysichiton americanus) können nach der Blüte mühelos 1,5 m lange Blätter bilden.*

weißen, oft blass lavendelblau überhauchten Blüten.

Die selektierte Varietät *Hosta sieboldiana* var. *elegans* hebt sich durch ihr gerunzeltes und besonders blau erscheinendes Laub hervor, das sich im Herbst gelb färben kann. Funkien sind ein Segen für feuchte, schattige Gärten, und dementsprechend groß ist das Sortenangebot und auch die Zahl ihrer weltweiten Sammler und Liebhaber.

Wie Funkien sind auch die Riesensteinbreche allgemein bekannt. In der freien Natur wachsen sie, von denen nur zwei Arten (*Bergenia cordifolia* und *Bergenia crassifolia*) häufiger verwendet werden, im Wald, an Wasserläufen, auf felsigen Hügeln und auf Bergwiesen. Kurzum, sie können sich überall anpassen und sind auch für trockene, schattige Plätze im Garten geeignet, wo Funkie oder Schaublatt nicht mehr sonderlich gut gedeihen würden.

Die großen und lederartigen Blätter bleiben auch im Winter erhalten, nehmen aber im Herbst mahagonirote Töne an. Wenn sie noch mit einem Hauch frischen Schnees überzogen sind, bieten sie einen besonderen Reiz. 'Silberlicht' (weiß), 'Abendglut' (dunkelpurpurrot) und 'Morgenröte' (leuchtendrosa) sind nur einige der im Handel erhältlichen Sorten, deren Namen die Farben der im April erscheinenden Blütentrauben beschreiben. Die Art *Bergenia stracheyi* ist wenig verbreitet und das leider zu Unrecht. Sie wirkt durch ihre etwas kleineren, aber strafferen Blätter edler als die oft derb aussehenden größeren Geschwister. In England heißen die Bergenien auch landläufig „Pigsqueaks". Wenn man eines der großen ledrigen Blätter zwischen Daumen und Zeigefinger nimmt und mit dem Daumen darüberfährt, erinnert das Geräusch an grunzende Schweine.

Riesensteinbrech (Bergenia cordifolia 'Silberlicht')

◄ ***Der Wurmfarn (Dryopteris filix-mas) mit seinen luftigen Wedeln bildet einen guten Kontrast zu den Blättern der Blaublattfunkie.***

Schau-, Tafel- und Schildblätter

Unter der Gattung *Rodgersia* versammeln sich viele schöne Arten, die vor allem wegen ihrer facettenreichen und eindrucksvollen Blattformen gepflanzt werden. Sie benötigen einen humusreichen, nahrhaften Boden und lichten Schatten. Das Schaublatt *(Rodgersia podophylla)* zeichnet sich durch ein fünfteiliges, an den Spitzen grob gezähntes Laub aus.

Schaublatt (Rodgersia podophylla) im Schatten einer Hortensie (Hydrangea opuloides)

Es kann bei gutem Standort und nach einigen Jahren mitunter mächtige Horste von über 1 m Höhe bilden. Im Juni zeigen sich grünlichweiße Blütenrispen. Die Blätter der *Rodgersia aesculifolia* ähneln, wie der lateinische Name besagt, einem überdimensionalen Kastanienblatt.

Interessant sieht auch das Tafelblatt *(Rodgersia tabularis)* aus. Die borstig behaarten, hellgrünen und kreisrunden Blätter können ohne weiteres einen Durchmesser von 60 cm erreichen. Die Umschreibung „schildförmige Blätter" meint, dass der Blattstiel im Mittelpunkt des runden Blattes ansetzt. Wie bei allen *Rodgersia*-Arten muss man auch beim Tafelblatt Jahre warten, um ein stattliches Exemplar mit entsprechender Größe bewundern zu können.

Empfehlenswerte Stauden mit großen Blättern

Name	Sorten	Blütezeit	mittlere Höhe	Bemerkungen
Akanthus, Bärenklau *Acanthus longifolius* *(= A. balcanicus)*		7–8	90 cm	ornamentales, tief gebuchtetes Laub, winterhärter als andere Arten
Waldgeißbart *Aruncus dioicus*		6–7	150 cm	siehe Porträt Seite 72
Pfahlrohr *Arundo donax*			300 cm	stammt aus Südeuropa und blüht bei uns nicht, in voller Sonne und feuchterem Boden
Riesensteinbrech *Bergenia cordifolia*	'Silberlicht'	3–4	30 cm	weiße, rosa angehauchte Blüten, Blätter ledrig, groß, wintergrün, schöne Herbstfärbung
Mammutblatt *Gunnera chilensis*		7–8	200 cm	nur für große Gärten, in vielen botanischen Gärten zu bewundern, pflegeintensiv, Winterschutz erforderlich
Blaublatt-Funkie *Hosta sieboldiana* var. *elegans*		7	70 cm	kühles Blaugrün wirkt im Schatten besonders gut
Kreuzkraut *Ligularia clivorum*	'Desdemona'	7	60 cm	Blattstiele und -unterseite dunkelpurpurrot, braucht viel Feuchtigkeit im Sommer, beliebt auch bei Schnecken
Riesenchinaschilf *Miscanthus sinensis*	'Giganteus'		300 cm	auch als *M. japonicus* in den Katalogen, blüht bei uns nur selten, steif aufrechte Halme mit schilfartigen Blättern nach Rückschnitt im Frühjahr Stangen wie Bambus verwendbar
Schildblatt *Peltiphyllum peltatum*		4–5	80 cm	bildet auf feuchtem, nährstoffreichem Boden in Sonne bis Halbschatten eindrucksvolle Kolonien
Schaublatt *Rodgersia aesculifolia*		6–7	90 cm	siehe Porträt Seite 90
Tafelblatt *Rodgersia tabularis*		6	90 cm	helles Grün für den Halbschatten

Schildblatt (Rodgersia tabularis)

Bärenklau (Acanthus longifolius)

Dem Tafelblatt ähnlich ist das Schildblatt *(Peltiphyllum peltatum)*. Schon im April erscheinen die rosaweißen Blüten auf bis 60 cm langen, festen Stielen. In ihrer Nacktheit ohne jedes Blatt bieten die hohen Blütenschäfte ein eigenartiges Bild. Gleich danach erscheinen die schildförmigen, am Rand gezähnten Blätter. Anders als beim Tafelblatt gibt es aber im Herbst noch einen grandiosen Abgang: Das Laub verfärbt sich braunrot.

Giganten und Exoten

Zwei wahre Riesen dürfen natürlich bei den großblättrigen Stauden nicht fehlen. Sie bilden das große Finale.

Das Mammutblatt oder Elefantenohr *(Gunnera chilensis)* aus Südamerika ist ein wahrer Koloss von einem Blätterberg. Es hat die größten Blätter, die in gemäßigten Klimazonen gezogen werden können. Schon der kraftvolle Austrieb im Frühjahr ist ein Erlebnis. Wenn die als Winterschutz hingekarrten Laubhaufen entfernt werden, zeigen sich die durch die Dunkelheit gelb bleichen, steifstacheligen Stiele mit den noch kleinen und zusammengefalteten Blättern. Aus ihnen werden im Umriss runde, tief gelappte, über 150 cm große, sattgrüne „Schirme". Stellt man sich unter den Riesen, offenbart

► ***Mammutblatt (Gunnera chilensis)***

Das Mammutblatt zeigt bereits nach dem Entfernen des Winterschutzes seine gewaltigen Dimensionen.

einem das hindurchscheinende Licht ein kompliziertes Netz aus Adern, die das Gerüst der Blätter bilden und ihnen Halt geben. Im Juni erscheinen im Inneren des riesigen „Laubhügels" bis ein Meter lange, stachelige Keulen. Diese Blütenstände sehen spektakulär und außergewöhnlich aus, wie aus prähistorischer Zeit.

Abgesehen davon, dass nur in größeren Gärten für so einen Riesen Platz wäre, ist auch seine Anzucht sehr schwierig. Neben dem Problem der ständigen Wasserversorgung verbrauchen sie auch eine Unmenge an Nährstoffen, *Gunnera* muss man wie Vieh „füttern".

Das andere Ungetüm ist das Herkuleskraut (Bärenklau). Von der in Amerika, Europa und Asien 60 Arten umfassenden Gattung ist vor allem *Heracleum mantegazzianum* bedeutsam.

Die dunkelgrünen, tief eingeschnittenen Blätter an der Basis können einen Durchmesser von einem Meter und mehr erreichen. Aus ihrer Mitte erhebt sich im Juni ein bis armdicker, meist purpurfarben gefleckter, hohler und gerillter Stängel. Im Juli öffnen sich die ersten weißen Blüten der großen Dolde in über 3 Metern Höhe.

Vorsicht! Der Bärenklau enthält Furanocumarin, das die Wirkung der UV-Strahlen des Sonnenlichtes auf der Haut bis zur Brandblasenbildung verstärkt.

Es wird geschätzt, dass jeder Blütenkopf der zusammengesetzten Dolde aus ungefähr zehntausend kleinen Blütchen besteht. Neben der zweijährigen Art *Heracleum mantegazzianum* ist die mehrjährige *Heracleum lanatum* mit einer geringeren Höhe von 2,5 m ebenfalls für Solitärstellungen geeignet.

Während viele Stauden ausschließlich wegen ihrer Blüten geschätzt werden, machen hier die mächtigen und großen Blätter Eindruck. Sie strahlen durch ihr schön geformtes Laub und das viele Grün eine angenehme Kühle und Ruhe aus.

Irgendwie fühlt man sich bei ihnen gut aufgehoben, und manche erinnern sich vielleicht: Wenn es zu regnen anfing, pflückten wir als Kinder an den Bachrändern die großen Blätter von Huflattich oder Pestwurz und machten uns einen Spaß daraus, sie als Schirme zu benutzen.

Stauden als Bodendecker

Pralle Sonne und tiefer Schatten

Für die Besiedelung kahler Flecken sind Bodendeckerstauden Spezialisten. Unter Bäumen, wo kein Rasen mehr wachsen will, könnte blau das Immergrün *(Vinca minor)* blühen. Im nach Süden gelegenen Vorgarten würde statt dem im letzten Sommer braun gewordenen Rasen die Katzenminze *(Nepeta x faassenii)* gut zum etwas höheren Mädchenauge *(Coreopsis verticillata* 'Zagreb'*)* passen.

Dank ihrer wachsenden Beliebtheit breiten sich in Gärten immer mehr blühende, grüne Staudenteppiche statt nacktem Boden oder den früher verwendeten Einheitsgehölzen aus.

Es gibt heute ein breites Angebot, je nach Standort kann man daraus abwechslungsreiche Kombinationen zusammenstellen. Großflächige Bepflanzungen haben aber ihren Preis. So kostet die gleiche Fläche mit Funkien *(Hosta*-Arten) statt mit Immergrün *(Vinca minor)* bepflanzt mehr als das Doppelte.

Was bedeutet „bodendeckend“?

Bestimmte Arten von Stauden sind in der Lage, mit ihren sich dicht über dem Boden ausbreitenden Blättern und mit Hilfe von Ausläufern oder Rhizomen Flächen relativ rasch zu bedecken und zu begrünen. Sie bleiben meist das ganze Jahr über schön, manche sind auch im Winter grün. Bodendecker werden immer in größeren Gruppen gepflanzt und verdrängen durch ihre starke Wüchsigkeit Konkurrenten, wozu auch lästige Unkräuter zählen.

Vorteile einer geschlossenen Bedeckung

Der Boden trocknet weniger rasch aus und ist gegen große Schwankungen der Temperatur geschützt. Kleine Tiere, vor allem Insekten, finden unter den Blättern wunderbare Lebensräume vor. Der Mensch spart sich mit Bodendeckern eine Menge Arbeit: die Pflege beschränkt sich im Wesentlichen auf Rückschnitt dürrer, brauner Teile spätestens vor dem neuen Austrieb im Frühling oder zum Beispiel das Entfernen verblühter Teile zum Schutz der Blattpölster, wie beim Wollziest.

Die Prachtspiere (Astilbe chinensis var. pumila) bietet sich als niedrigwachsender Bodendecker an, den Weg aus alten Kaiserziegeln zu begleiten, ohne ihn zu überwuchern.

Die Kombination der purpurroten Sorte 'Atropurpurea' mit dem gewöhnlichen, blau blühenden Immergrün (Vinca minor) belebt die an sich schlichte Bodendecke.

Kaukasus-Storchschnabel (*Geranium x magnificum*). Viele Storchschnabel-Arten sind als Bodendecker ungemein beliebt, und dementsprechend groß ist auch das Sortiment.

TIPP

„Laubschlucker"

Unter oder vor Bäumen und Sträuchern sind nur solche Bodendeckerstauden sinnvoll, denen die herbstliche Abdeckung mit Falllaub nicht schadet. Das Laub „verschwindet" zwischen den Pflanzen und wird am Boden zu Humus umgewandelt. Die Waldpflanzen unter den Stauden fühlen sich umso wohler und entwickeln sich prächtig.

Empfehlenswerte Bodendecker für sonnige Flächen

Name	Sorten	Blütenzeit	Blütefarbe	mittlere Höhe	Stk/m²	Bemerkungen
Katzenpfötchen *Antennaria dioica*	'Roy Davidson'	5–6	rosa	10 cm	12	silbergraues Laub, äußerst anspruchslos
Mädchenauge *Coreopsis verticillata*	'Zagreb'	6–9	gelb	50 cm	8	Dauerblüher, kompakter Wuchs dennoch zierlich durch fast nadelförmige Blätter
Silberwurz *Dryas x suendermannii*		5–6	weiß	10 cm	10	Blütenknospen gelblich gefärbt, robust, schöne dunkelgrüne, immergrüne Blätter, hübscher Fruchtschmuck
Storchschnabel *Geranium dalmaticum* *Geranium sanguineum*		6–7 5–8	rosa karminrot	10 cm 30 cm	10 8	schöne rote Herbstfärbung wuchert nicht wie andere Arten
Lavendel *Lavandula angustifolia*	'Hidcote Blue'	6 –7	lilablau	30 cm	10	Verjüngungsschnitt alle 3 Jahre 2–3 Handbreit über dem Boden
Katzenminze *Nepeta x faassenii*	'Six Hills Giant'	6–9	blau	40 cm	8	robuster Dauerblüher, wuchert
Fetthenne *Sedum floriferum*	'Weihenstephaner Gold'	7–8	gelb	10 cm	8	niederliegende Triebe, anspruchslos, wuchert
Wollziest *Stachys lanata* (= S. byzantina)	'Silberteppich'		rosa	15 cm	10	verblühte Teile laufend entfernen zum Schutz der behaarten Blattpölster, siehe Porträt Seite 76

Empfehlenswerte Bodendecker vor oder unter Bäumen und Sträuchern

Name	Sorten	Blüten-zeit	Blüte-farbe	mittlere Höhe	Stk/m²	Bemerkungen
Günsel *Ajuga reptans*	'Atropurpurea'	4–5	blau	10 cm	10	im Winter grün bzw. braunrot
Frauenmantel *Alchemilla mollis*		6–8	gelb	30 cm	10	schluckt Laub, anspruchslos, gedeiht im Halbschatten aber auch in der Sonne
Buschwindröschen *Anemone nemorosa*		3–5	weiß	15 cm	12	schluckt Laub, zieht im Sommer ein
Prachtspiere *Astilbe chinensis var. pumila*		8–9	rosa	20 cm	12	schluckt Laub, verträgt auch etwas Sonne, anspruchsvoll
Kaukasus-Vergissmeinnicht *Brunnera macrophylla*		4–5	blau	40 cm	8	sehr ähnlich dem Vergissmeinnicht, robust, langlebig
Maiglöckchen *Convallaria majalis*		4–5	weiß	20 cm	10	guter Laubschlucker, verdrängt andere Pflanzen, giftig, duftet, zieht früh ein
Trugerdbeere *Duchesnea indica*		5–9	gelb	10 cm	8	erdbeerähnliche Früchte ohne Geschmack, schluckt Laub, verdrängt andere Pflanzen, kann durch Wuchern lästig werden
Elfenblume *Epimedium grandiflorum*	'Rose Queen'	4–5	rosa	30 cm	12	siehe Porträt Seite 87
Storchschnabel *Geranium macrorhizum* *Geranium himalayense*	 'Spessart' 'Johnson's Blue'	 6–7 6–7	 hellrosa blau	 40 cm 40 cm	 8 10	für den lichten Schatten, würziger Geruch, anspruchslos sehr schöne Blüten, gut auch als niedrige Beetstaude
Funkien *Hosta*-Arten		6–8	weiß rosa blau	20-80 cm	6–8	auf guten Böden, auch viele Sorten mit weiß- oder gelb bunten Blättern
Dickanthere *Pachysandra terminalis*		4	weiß	25 cm	10	immergrün, wertvoll, weil sehr dicht
Immergrün *Vinca minor*		4–5	blau	10 cm	8	langlebig, auch für Vollschatten
Waldsteinie *Waldsteinia ternata*		4–5	gelb	10 cm	10	anspruchslos, langlebig

Kaukasus-Vergissmeinnicht (Brunnera macrophylla)

Geraniumblatt

Farne & Gräser

Die feine, komplizierte Struktur der Farnwedel und die grafische Gestalt der Grashalme sind etwas Besonderes im Garten.

Ihre schöne Geometrie wirkt leicht und verspielt und lässt sie so anders aussehen als die bekannten Gartenpflanzen.

Farne

Mehr als 300 Millionen Jahre alt

Der Austrieb der Farne im Frühjahr ist ein faszinierendes Naturschauspiel. Wenn sie sich Fieder für Fieder langsam entrollen, wächst die Innenseite der Blätter schneller als deren Außenseite, bis die Wedel vollständig ausgebreitet sind.

Entrollt kennt man die Farne kaum wieder. Saftig grün stehen sie auf ihren kräftigen oder drahtigen Stielen und fallen auch bei Wind oder Regen nicht um. Wenn sich Farne einmal an einem Standort wohlfühlen, sind sie langlebig und brauchen kaum Pflege. Einige können auch als robuste Bodendekker im Halbschatten bis Schatten verwendet werden.

Für Naturgärten und Waldmotive

Im Schatten ist der Boden meist fruchtbar und feucht, der Lichtmangel aber das vorherrschende Problem. Zwiebel- und Knollenpflanzen nutzen dank ihrer gespeicherten Reserven die helle Zeit im Frühling vor dem Laubaustrieb. Wenn die Farne im Frühsommer ihre Wedel weit über die Erde breiten, sind die kleinen, eiligen Blüher längst wieder verschwunden. Farne lassen sich mit Wurzelstöcken, Ästen, großen, runden Steinen oder Wasser wunderbar kombinieren. Bei geschlossenem Blätterdach im Sommer reicht das Licht auch für Schattenstauden aus. Neben den großen, kräftigen Blättern von Funkien (*Hosta*-Arten) oder Kreuzkraut (*Ligularia clivorum*) wirken die feinen Wedel nur noch eleganter.

Farne lieben humose Böden mit reichlich zersetzten, organischen Substanzen. Eine Abdeckung (Mulchung) des Bodens mit Kompost, Herbstlaub, Rindenmulch oder den abgestorbenen Wedeln erhöht die Bodenfeuchtigkeit.

Frühjahrsblüher und Farne passen gut zusammen.

In unmittelbarer Wassernähe können manche Farne auch auf helleren Standorten oder in der Sonne stehen.

Trockener Schatten

Er gilt als schwierigster Bereich, der in einem Garten zu bepflanzen ist. Unter alten Bäumen und Sträuchern fällt wenig Regen auf den Boden, und die Wurzeln verlaufen so dicht unter der Erdoberfläche, dass nur mehr wenige Pflanzen mit diesen extremen Bedingungen zurecht kommen. Der anspruchslose Wurmfarn *(Dryopteris filix-mas)* gedeiht auch hier.

Empfehlenswerte Farne für den Garten

Name	Sorten	mittlere Höhe	Bemerkungen
Hufeisenfarn, Pfauenradfarn *Adiantum pedatum*		50 cm	zierliche Wedel auf dünnen, drahtigen, schwarzen Stielen, passt gut zu niedrigen Bodendeckern, sehr winterhart
Frauenfarn *Athyrium filix-femina*		90 cm	heimisch, im Vollschatten unter alten Bäumen, auch für größere Flächen
Halbmondfrauenfarn *Athyrium filix-femina*	'Fritzelliae'	40 cm	gekräuselter, bizarrer Rand der Wedel
Goldschuppenfarn *Dryopteris borreri*		100 cm	heimisch, Stiele mit zottigen, goldbraunen Schuppen besetzt, sehr interessanter Austrieb
Wurmfarn *Dryopteris filix-mas*		80 cm	heimisch, anspruchsloser Farn, bei höherer Luftfeuchtigkeit auch in der Sonne möglich
	'Cristata'		schöne, kammförmige Wedel
Straußfarn, Trichterfarn *Matteuccia struthiopteris*		80 cm	heimisch, wuchert durch Ausläufer, laubschluckender, sehr guter Bodendecker, auch für größere, wenig beschattete Flächen, Sporenwedel in der Mitte des Trichters
Königsfarn *Osmunda regalis*		100 cm	heimisch (Deutschland), auffallende, braune Sporenwedel
	'Purpurascens'	80 cm	Stiele und junge Wedel sind kupferrot
Hirschzunge *Phyllitis scolopendrium*		30 cm	heimisch, siehe Porträt auf Seite 80
Flaumfederfarn *Polystichum setiferum*	'Plumosum Densum'	20 cm	sehr zierlich, mehrfach gefiedert, die einzelnen Fiederchen entlang der Mittelrippe
Brutwedelfarn *Polystichum setiferum*	'Proliferum'	20 cm	interessant durch Brutknospen und jungeTochterpflanzen überdecken einander

Der Flaumfederfarn Polystichum setiferum 'Plumosum Densum' gleicht einem Oktopus, wenn er sich im Frühling entrollt.

Gräser

Gräser sind vielfältig. Um einen Überblick zu geben, haben wir sie in Gruppen nach ihrer Verwendung im Garten eingeteilt. Bambus-Arten und Gräser für die Blumenwiese wie auch Simsen und andere Sumpfgräser mussten wir beiseite lassen.

Im Staudenbeet
Neben dem herzförmigen, ovalen oder runden Laub kleiner und größerer Stauden wirken Gräser mit ihren langen und schmalen Blättern bizarr und leicht. Im Wind wiegende Grannen auf dünnen Halmen bringen Bewegung ins Staudenbeet, bekannte Sorten heißen auch 'Windspiel' *(Molinia altissima)* oder 'Silberfeder' *(Miscanthus sinensis)*. Gräser und Wind scheinen zusammenzugehören, und tatsächlich sind sie bei der Bestäubung auf jede Brise angewiesen. Trockenheit und Sonne liebende Gräser prägen den Charakter von Steingärten und Heidegärten.

Pampasgras (Cortaderia selloana)

Morgensternsegge (Carex grayi)

TIPP

Ein Kiesbeet im Garten mit Findlingen und Schotter ist eine ungewöhnliche Lösung für heiße, dürre Standorte. Als Unkrautschutz wird Vlies auf den Boden gelegt, die Gräser werden in hineingeschnittene Löcher gepflanzt.

Wie Haare bewegen sich die langen Grannen des Reiherfedergrases (Stipa barbata).

Empfehlenswerte Gräser für sonnige Standorte

Name	Blüte-zeit	mittlere Höhe	Bemerkungen
Zittergras *Briza media*	5–6	30 cm	in Gruppen zwischen niederen Stauden, herzförmige Ährchen gut zum Trocknen geeignet, auch im Halbschatten möglich
Reitgras *Calamagrostis x acutiflora*	7–8	130 cm	stattliches, straff aufrecht wachsendes Horstgras, daher gut im Beet zu verwenden, hoher Schmuckwert auch im Winter, wuchert nicht
Morgensternsegge *Carex grayi*	7–8	50 cm	interessante Fruchtstände wie Morgensterne, in kalkhaltigem Boden Gelbfärbung der Blätter, auch für Halbschatten oder lichten Schatten, liebt feuchteren Boden
Plattährengras *Chasmanthium latifolium*	8–9	100 cm	siehe Porträt auf Seite 91
Rasenschmiele *Deschampsia caespitosa*	6–7	80 cm	wegen seiner zarten, wolkigen Blütenrispen wertvolles Hintergrundgras für Staudenbeete, anspruchslos, auch im Halbschatten möglich
Bärenfellschwingel *Festuca scoparia*	5–6	20 cm	euchtend grüner, stacheliger Polster für Steingarten, Heidegarten, als Begleiter für Treppen und Natursteinwege, besser für Halbschatten statt pralle Sonne
Wimperperlgras *Melica ciliata*	5–6	50 cm	schmales Horstgras für Zwischenpflanzungen zw. Stauden, im Kiesbeet
Federborstengras *Pennisetum compressum*	8–9	80 cm	flaschenbürstenartige Blütenstände, hoher Zierwert von Blättern und Blüten, sowohl solitär als auch als herbstlicher Blickpunkt mit Sonnenhut oder Astern im Staudenbeet zu verwenden
Reiherfedergras *Stipa barbata*	7–8	50 cm	einzigartige, filigrane Erscheinung, Blüten mit 30 cm langen silbrig behaarten Grannen, für Steingärten, Heidegärten, an exponierter Stelle

Empfehlenswerte Gräser für Einzelstellung

Name	Blüte-zeit	mittlere Höhe	Bemerkungen
Pfahlrohr *Arundo donax*		300 cm	stammt aus Südeuropa und blüht bei uns nicht, in voller Sonne, Halme erst im Frühling zurückschneiden
Pampasgras *Cortaderia selloana*	9–10	200 cm	bis zu 80 cm lange, silbrige Blütenwedel, frei im Rasen oder in Verbindung mit Architektur, Winterschutz notwendig, anspruchsvoll, in voller Sonne
Atlasschwingel *Festuca mairei*	6–7	80 cm	dichter Horst, schlanke Blütenrispen breiten sich aufrecht oder überhängend in Richtungen aus gleich einem Feuerwerk, in voller Sonne
Chinaschilf *Miscanthus sinensis* 'Silberfeder'	8–10	200 cm	in Wassernähe oder in Verbindung mit Architektur, Blütenrispen bis in den Winter schön

Empfehlenswerte Gräser für den Schatten

Name	Blüte-zeit	mittlere Höhe	Bemerkungen
Riesensegge *Carex pendula*	6–7	100 cm	lange, überhängende Halme mit herabpendelnden Ähren, liebt feuchten Boden, auch im Vollschatten, schön in Wassernähe oder in Einzelstellung
Breitblattsegge *Carex plantaginea*	5–6	10 cm	ziert vor allem durch die auffallend breiten Blätter, niedriger Bodendecker
Waldmarbel *Luzula sylvatica*	5–6	50 cm	breite, glänzende, am Rande bewimperte Blätter, zierliche, braune Blüten, verträgt großen Wurzeldruck alter Bäume und Vollschatten, Bodendecker

Nach der Blüte …

… haben Stauden ihren Reiz und Charme noch nicht verspielt. Manche von ihnen tragen einen besonders schönen Fruchtschmuck.

Anderen färbt der Herbst die Blätter bunt, und der Winter wartet schon mit Reif und Schnee auf stehen gebliebene Halme.

Stauden mit schönem Fruchtschmuck

Die blütenlose Zeit

Es gibt zwar nicht viele Stauden, die auffallende, schöne Früchte bilden. Unter ihnen sind aber gute Bekannte wie auch Geheimtipps, die den Reiz eines Beetes noch weit in den Herbst, ja manchmal sogar in den Winter hinein verlängern.

Oft sind es aber nicht die einzelnen Früchte allein, sondern der ganze Fruchtstand, der weithin leuchtet. In der tief stehenden Herbstsonne erstrahlen Gräser mit fedrigen oder silbrig behaarten Schöpfen ebenso wie die trockenen, braunen Kegel der zweijährigen Wilden Karde *(Dipsacus fullonum)*. Jedes Härchen und jeder Dorn wird im Gegenlicht sichtbar.

Pfingstrose (Paeonia russii var. liocarpa)

Wilde Karde (Dipsacus fullonum)

Kermesbeere (Phytolacca acinosa)

Lampionsblume (Physalis alkekengi)

Interessante Stauden mit schmückenden Früchten

Name	mittlere Höhe	Bemerkungen
Stachelnüsschen *Acaena microphylla*	10 cm	bodendeckende Staude für Sonne und Trockenheit, braunrote „Stachelköpfchen", die im Juli und August in der Masse zieren
Christophskraut *Actaea pachypoda* (=*Actaea alba*) *Actaea rubra*	 80 cm 45 cm	 weiße Beeren an roten Stielen, die sich noch verlängern und verdickencm leuchtend rote Beeren auf dünnen, grünen Stielen
Japanische Herbstanemone *Anemone-Japonica*-Hybriden	80 cm	wollige Samen in kugeligen Ballen, siehe Porträt Seite 74
Aronstab *Arum italicum* *Arum maculatum*	 30 cm 30 cm	 leuchtende orange Beeren, die bis zum Frühjahr bleiben können, giftig heimisch, giftig, Kolben aus roten Beeren, die von Vögeln gefressen und verbreitet werden
Seidenpflanze *Asclepias syriaca*	170 cm	papageiartige, grüne Früchte, die an der „Rückennaht" aufplatzen und seidige Samen wie „Federn" entlassen
Silberwurz *Dryas x suendermannii*	15 cm	silbrig behaarte Fruchtschöpfe, die lange zieren, für den Steingarten
Trugerdbeere *Duchesnea indica*	15 cm	durch Ausläufer stark wuchernder Bodendecker mit geschmacklosen, erdbeerähnlichen Früchten, für den Garten nur bedingt zu empfehlen
Herkuleskraut, Bärenklau *Heracleum mantegazzianum*	300 cm	braune, riesige Dolden mit flach-runden Samen, allerdings lästig durch Selbstaussaat, zwei-bis mehrjährige Pflanze, Dolden können kurz vor der Samenreife zum Trocknen verkehrt aufgehängt werden (luftig!), für den Garten nur bedingt zu empfehlen
Iris *Iris foetidissima*	60 cm	scharlachrote bis gelbe Samen in aufspringenden Kapseln, zieren oft den ganzen Winter, giftig
Botanische Pfingstrose *Paeonia russii var. liocarpa*	50 cm	aufspringende Balgfrüchte, rosa gefärbt
Einbeere *Paris quadrifolia*	20 cm	heimisch, giftig, eine blauschwarze Beere in der Mitte von vier Blättern, extravagante Erscheinung
Lampionsblume *Physalis alkekengi*	50 cm	aufgeblasene, orange Fruchthülle, darin orangerote Beere, manchmal bleibt spät im Jahr nur das „Skelett" aus verholzten Adern mit der dann sichtbaren Beere übrig, giftig
Kermesbeere *Phytolacca acinosa*	150 cm	glänzend schwarze, rot färbende Beeren an langem Fruchtstand
Salomonssiegel *Polygonatum odoratum*	50 cm	am überhängenden Spross sitzen auf der ganzen Länge einzeln oder zu zweien schwarze Beeren
Kuhschelle *Pulsatilla vulgaris*	–20 cm	weiterwachsender, lange zierender „Hexenbesen", siehe Porträt Seite 79

Gräser

Name	mittlere Höhe	Bemerkungen
Morgensternsegge *Carex grayi*	60 cm	morgensternartige Fruchtstände, ungewöhnliche Gestalt
Plattährengras *Chasmanthium latifolium* (= *Uniola latifolia*)	100 cm	flache Ährchen, siehe Porträt Seite 91
Silberfahnengras *Miscanthus sacchariflorus*	180 cm	silbrige, im herbstlichen Gegenlicht erstrahlende Fruchtstände
Reiherfedergras *Stipa barbata*	70cm	lange, silbrig behaarte Grannen

Herbst und Winter

Grün Gelb Orange Rot Braun

Nur wenige Stauden können mit einer Herbstfärbung auftrumpfen, wie man sie sonst von Sträuchern oder Bäumen kennt. Manche Jahre erlebt man Überraschungen, und Blätter, die gewöhnlich der erste Frost erwischt, färben sich langsam bunt und bunter.

Weißer Glitzer

Wer es mit dem Rückschnitt nicht so genau nimmt und die braunen, abgestorbenen Teile noch stehen lässt, wird sich über Schneehauben auf trockenen Blütenständen oder vom Raureif verzauberte Formen freuen können.

Das Pfeifengras (Molinia altissima) ist eines der wenigen Gräser, die vor allem wegen ihrer schönen, goldgelben Herbstfärbung geschätzt werden.

Manche Sorten der Edel-Pfingstrose (Paeonia-Lactiflora-Hybriden) zeigen eine rotbraune Herbstfärbung.

Blaue Blüten und herbstlich gefärbtes Laub zur gleichen Zeit gibt es nur bei der Bleiwurz (Ceratostigma plumbaginoides).

Blaublattfunkie (Hosta sieboldiana var. elegans)

Kreuzkraut (Ligularia przewalskii)

Empfehlenswerte Stauden mit Herbstfärbung		
Name	**mittlere Höhe**	**Bemerkungen**
Riesensteinbrech *Bergenia cordifolia* 'Silberlicht'	30 cm	rötliche Färbung der ledrigen, großen Blätter, die bis zum Winterende schön sind
Bleiwurz *Ceratostigma plumbaginoides*	25 cm	späte, blaue Blüten, sehr schön zur rötlichen Färbung der Blätter
Storchschnabel *Geranium dalmaticum* *Geranium macrorhizum* 'Czakor'	 10 cm 25 cm	 Bodendecker, rote Färbung Bodendecker, rötliche Färbung, Blätter aromatisch duftend
Kreuzkraut *Ligularia przewalskii*	120 cm	fingerförmig geteilte Blätter, in manchen Jahren rot färbend
Pfeifengras *Molinia altissima*	170 cm	goldgelbe Färbung der Halme und Blätter
Pfingstrose *Paeonia-Lactiflora*-Hybriden	70 cm	manche Sorten zeigen eine rote Färbung der Blätter ab Oktober
Rutenhirse *Panicum virgatum* 'Rotbraun'	80 cm	rotbraune Farbe der Halme wird im Herbst intensiver
Schildblatt *Peltiphyllum peltatum*	80 cm	rotbraune Färbung der grossen, runden Blätter

Im Porträt

Die abertausend offenen oder verborgenen Schönheiten haben schon viele Gärtner und Gärtnerinnen so fasziniert, dass sie sich ein Leben lang mit Stauden beschäftigten.

Aus der ungeheuren Vielfalt stellen wir Ihnen bemerkenswerte Beispiele vor.

Weißer Riese

Waldgeißbart

Aruncus dioicus
(=Aruncus sylvester)

HERKUNFT: Europa, heimische Waldrandpflanze
WUCHS: 120 bis 180 cm, vieltriebiger „Busch"
BLATT: mehrfach gefiedertes, großes, sehr dekoratives Laub
BLÜTE: Die Pflanze ist zweihäusig: Es gibt männliche (nur mit männlichen, cremeweißen Blüten) und weibliche Pflanzen (nur mit weiblichen, reinweißen Blüten), beide blühen in zierlichen, bis 50 cm langen Rispen, männliche Blüten auffälliger und daher für den Garten beliebter.
BLÜTEZEIT: 6–7
ANSPRÜCHE: Halbschatten bis Schatten auf humosem, nährstoffreichem, nicht zu trockenem Boden, robust
VERWENDUNG: in Verbindung mit Waldmotiven, an Gehölzrändern oder in Solitärstellung im Halbschatten, sieht wie riesige Astilbe aus
BESONDERHEIT: sehr dauerhafte Wildstaude, die mit den Jahren immer schöner wird
VERMEHRUNG: Aussaat oder Teilung 2 bis 3

Wildstaude • Schatten

Brennender Busch

Diptam

Dictamnus albus

HERKUNFT: heimisch in Säumen, Gebüschen und lichten Trockenwäldern auf warmen, trockenen Böden
WUCHS: 80 cm, bildet dichte Büsche, Wurzelstock verholzend
BLATT: gefiederte, dunkelgrüne Blätter, zitronenartiger Duft
BLÜTE: rosa Blüten mit dunklen Adern in aufrechten Trauben
BLÜTEZEIT: 5–6
ANSPRÜCHE: nährstoffreiche, zeitweise austrocknende Böden in sonnigen Lagen
VERWENDUNG: im Naturgarten, am sonnigen Gehölzrand
BESONDERHEIT: Die ganze Pflanze und vor allem die Fruchtstände sind mit Drüsenzotten behaftet, in denen sich das ätherische Öl befindet. Kleine Ölbehälter in den Blättern, die gegen das Licht durchsichtig punktiert erscheinen, sind ebenfalls mit ätherischen Ölen gefüllt. Die Ausdünstungen während der Vollblüte sind so stark, dass man an heißen und drückend schwülen Tagen die Duftwolke sehr effektvoll mit einem Streichholz entzünden kann, ohne dass der Diptam dadurch Schaden erleidet; am natürlichen Standort geschützt
VERMEHRUNG: Aussaat schwierig

Wildstaude • Sonne

Ein später Gast

Japanische Herbstanemone

Anemone-Japonica-Hybriden 'Honorine Jobert' (oft als *Anemone japonica* geführt)

HERKUNFT: durch Kreuzung entstandene Art aus Japan
WUCHS: 60 bis 100 cm, lockerer, aufrechter Wuchs
BLATT: dreiteilig, gelappt, gezähnt, alle Teile der Pflanze leicht behaart
BLÜTE: Blüten in lockeren Rispen angeordnet, einfach, schneeweiß
BLÜTEZEIT: 8–10
ANSPRÜCHE: winterharte Sorte, im lichten, wandernden Schatten von Gehölzen, benötigt einen sehr humosen, kaum durchwurzelten Boden, der gut mit Nährstoffen versorgt ist, etwas anspruchsvoll
VERWENDUNG: einer der schönsten Herbstblüher in Staudenrabatten und als Unterpflanzung bei Laubgehölzen, auch gemischt mit rosa Sorten, weiße Sorten vor rot gefärbten Sträuchern wie Korkflügelspindelstrauch *(Euonymus alatus)*, wuchert durch Wurzelausläufer, daher eingrenzen
BESONDERHEIT: sehr interessant sind die grauwolligen Samenstände
VERMEHRUNG: Teilung 2 bis 4
EMPFEHLENSWERTE SORTEN: 'Pamina' purpurrot, sehr winterhart, 'Königin Charlotte' rosalila

Beetstaude • Schatten

Feuer am Dach

Fackellilie, Raketenlilie

Kniphofia-Hybriden, Stammform *Kniphofia uvaria*

<u>HERKUNFT:</u> Gartenhybride, ursprüngliche Heimat im feuchten Grasland Südafrikas
<u>WUCHS:</u> bis 100 cm, horstartiger Wurzelstock, auch im Winter grüner Blattschopf
<u>BLATT:</u> lange, schmale Blätter mit V-förmigem Querschnitt, etwas fleischig
<u>BLÜTE:</u> lang gestielter, dichter Kolben mit zahlreichen, röhrenförmigen Einzelblüten, oben rot oder orange und noch waagrecht abstehend, unten gelb und allmählich hängend, große Zahl der Einzelblüten pro Blütenstand bewirkt die lange Blühdauer
<u>BLÜTEZEIT:</u> 7–9
<u>ANSPRÜCHE:</u> sonnige und geschützte Lagen, guter, nährstoffreicher Boden, verträgt keine stauende Nässe, evt. Winterschutz in sehr rauhen Gebieten
<u>VERWENDUNG:</u> Beete mit „südlichem" Charakter, in Gruppen oder als wirksame Solitärpflanze, Schnitt
<u>BESONDERHEIT:</u> malerischer Aufbau der ganzen Pflanze, exotischer Blickfang für den sonnigen Vorgarten
<u>VERMEHRUNG:</u> Teilung 2 bis 3

Beetstaude Solitärstaude • Sonne

Des Esels Ohren

Wollziest, Hasenohr

Stachys lanata
(= Stachys byzantina)

HERKUNFT: felsige, trockene Hügel und zwischen Wacholdergebüsch vom Kaukasus bis zum Iran
WUCHS: bis 40 cm, mattenbildend durch kriechende Seitentriebe
BLATT: dicht weißfilzig behaart, bemerkenswert weich, graugrün
BLÜTE: aufrechte, beblätterte Triebe mit kleinen, purpurrosa Lippenblüten, dicht behaart wie Wattebäusche
BLÜTEZEIT: 7–8
ANSPRÜCHE: magerer und durchlässiger Boden in voller Sonne, empfindlich gegen stauende Nässe, werden umso schöner, je trockener und heißer sie stehen, vertrocknete Blütenstände abschneiden, da sonst die silbrigen Blattpölster leiden
VERWENDUNG: Einfassungspflanze, Bodendecker in heißer, trockener Lage auf Dachgärten und Terrassen, am Rand von Treppen und in Steingärten; auch als interessanter Kontrast zu üppig blühenden Stauden
BESONDERHEIT: Kindern gefällt diese Pflanze wegen ihrer weichen, ohrförmigen Blätter besonders gut
VERMEHRUNG: Teilung 3 bis 5
EMPFEHLENSWERTE SORTEN: 'Silberteppich' blüht kaum, guter Bodendecker für Sonne und trockene Stellen, 'Cotton Boll' noch dichter behaart

Bodendecker • Sonne

Warme Töne vor der großen Kälte

Winteraster

Chrysanthemum x hortorum (= Chrysanthemum-Indicum-Hybriden) 'Kleiner Bernstein'

HERKUNFT: Züchtung aus China, wurde erst im 19. Jahrhundert in Europa bekannt
WUCHS: 40 - 90 cm je nach Sorte, horstig, Stängel am Grund verholzend, hohe Sorten neigen dennoch zum Umfallen (Aufbinden!)
BLATT: graugrün, herb duftend
BLÜTE: einfache, halbgefüllte oder gefüllte Korbblüten, Zungenblüten in den Farben weiß, gelb, bronze, rosa, orange, rot und braunrot; gefüllte Formen beherrschen das Sortiment, werden aber ihren Ruf als Friedhofsblumen nicht los, einfache oder halb gefüllte Blüten sind daher für den Garten besser zu empfehlen
BLÜTEZEIT: 8–11
ANSPRÜCHE: nährstoffreiche, kalkhältige, durchlässige Böden in voller Sonne
VERWENDUNG: sonnige Rabatten, lange haltbare Schnittblume, blüht bis zu den ersten Frösten
BESONDERHEIT: eine der ältesten Zierpflanzen der Erde, in China vor 2000 Jahren gezüchtet
VERMEHRUNG: Teilung 2 bis 3
SORTEN: 'Kleiner Bernstein' ist nur eine von ca. 5000 Sorten!

Beetstaude • Sonne

Ein Lichtblick für den Schatten

Silberkerze

Cimicifuga simplex

HERKUNFT: Bergwiesen auf Kamtschatka, allen Inseln Japans, Sachalin und auf den Kurilen
WUCHS: 100 cm, durch kriechende Rhizome Gruppen bildend
BLATT: hellgrün, doppelt gefiedert
BLÜTE: straff aufrechter, verzweigter Blütenstand aus leicht gebogenen, dichtblütigen „Kerzen", reinweiß
BLÜTEZEIT: 9–10
ANSPRÜCHE: humusreiche, luft- und bodenfeuchte Plätze im Halbschatten lichter Baumbestände, anspruchsvoll
VERWENDUNG: edle, hohe Blütenstaude für Einzelstellung unter und vor Gehölzen
BESONDERHEIT: wertvoller Spätherbstblüher
VERMEHRUNG: Teilung im zeitigen Frühling oder Aussaat im Herbst
EMPFEHLENSWERTE SORTEN: 'White Pearl', reinweiße Blüten aus grünen Knospen, 'Elstead Variety', bräunlich-purpurne Stängel und ebenso gefärbte Knospen

Solitärstaude • Halbschatten

Hexenbesen

Kuhschelle

Pulsatilla vulgaris

HERKUNFT: heimisch auf mageren, trockenen Böden in warmen Gegenden
WUCHS: bis 20 cm, kompakter Horst, Wurzeln reichen bis in ein Meter Tiefe
BLATT: Dichte, lange und weiche Haare umgeben die jungen Triebe und Blätter wie ein flaumiges Federkleid.
BLÜTE: Knospen durch drei laubartige, seidig behaarte Hochblätter geschützt, große lila Blüten, die außen dicht behaart sind, von 6–8 zierender Fruchtschmuck („Hexenbesen")
BLÜTEZEIT: 3–4
ANSPRÜCHE: durchlässige, trockene, magere Böden in voller Sonne, keine stauende Nässe
VERWENDUNG: im Steingarten oder Dachgarten für sich alleine ohne einengende Nachbarn
BESONDERHEIT: Kuhschellen sind in der Natur vom Aussterben bedroht, daher keine Pflanzen ausgraben!
VERMEHRUNG: Aussaat gleich nach der Samenreife: die Samen verlieren sehr rasch ihre Keimfähigkeit
EMPFEHLENSWERTE SORTEN: 'Rote Glocke', tiefpurpurrot, 'Papageno', halb gefüllt und gefranst in einer Farbmischung von weiß bis dunkelrot, 'Carminea', rot, 'Weißer Schwan', weiß

Wildstaude • Steingarten

Grüne Zungen

Hirschzunge

Phyllitis scolopendrium
(= Asplenium scolopendrium)

HERKUNFT: heimisch in feuchten, steinigen Bergwäldern, in schattigen Felsspalten
WUCHS: 40 cm, große Rosette
BLATT: auch im Winter grüner Farn, unzerteilte, leuchtendgrüne, ledrige Wedel mit glänzender Oberfläche, ab Juli erscheinen an der Blattunterseite die Sporenbehälter in Streifen angeordnet, Blattform sehr variabel, Auslesen sind als Sorten im Handel
ANSPRÜCHE: hohe Luftfeuchtigkeit, feuchte, schattige Plätze, kein Rückschnitt
VERWENDUNG: wertvolle Blattschmuckstaude für Halbschatten bis Schatten, auch für Mauerfugen geeignet, an Bachrändern und Quellsteinen, kombiniert mit Stein
BESONDERHEIT: bei Trockenheit bleiben die Wedel kleiner, auch als Zimmerpflanze kultiviert
VERMEHRUNG: Teilung im Frühling
EMPFEHLENSWERTE SORTEN: 'Crispa', Rand gewellt, 'Cristata', Wedel am Ende gabelig bis kammartig

Blattschmuckstaude • Schatten

Orientalische Pracht

Türkischer Mohn

Papaver orientale

<u>*Herkunft:*</u> ursprünglich auf felsigen Hängen und trockenen Wiesen bis 2800 m im Kaukasus, im Nord-Iran und im Nordosten der Türkei, Gartenformen aus mehreren Wildarten entstanden
<u>*Wuchs:*</u> 60–120 cm, horstartig, fleischige, tiefreichende Wurzeln, Blütenstängel kräftig
<u>*Blatt:*</u> länglich, weich, tief eingeschnitten, borstig behaart, milchsaftführend
<u>*Blüte:*</u> sehr große, leuchtende Schalenblüten, das glühende Leuchten vor allem der roten Sorten ist einzigartig, einzeln auf hohen Stielen sind sie *der* Blickpunkt in einem Beet, Sortiment reicht von rot, orange, rosa bis weiß
<u>*Blütezeit:*</u> 5–7
<u>*Ansprüche:*</u> nährstoffreiche, durchlässige, auch zeitweilig trockene Böden in voller Sonne, keine stauende Nässe, wegen der tiefgehenden Wurzeln empfindlich gegen Verpflanzen
<u>*Verwendung:*</u> in Gruppen im Beet, sich rhythmisch wiederholend, mit Partnern an der Seite, die sein „Verschwinden" im Sommer kaschieren
<u>*Besonderheit:*</u> Selbst aus kleinsten abgebrochenen Wurzelstückchen entwickeln sich neue Pflanzen. Zieht nach der Blüte ein und treibt im Herbst einen neuen Blattschopf.
<u>*Vermehrung:*</u> Aussaat 4
<u>*Empfehlenswerte Sorten:*</u> 'Brilliant', feuerrot 80 cm, 'Beauty of Livermere', scharlachrot 120 cm, 'Perrys White', weiß 100 cm, 'Mrs. Perry', blass lachsrosa, 90 cm

Beetstaude • Sonne

Rund und Spitz

Kugeldistel

Echinops ritro ssp. ruthenicus

<u>HERKUNFT:</u> felsige Hänge und karge, steinige Flächen von Südeuropa bis Zentralasien

<u>WUCHS:</u> 100 cm, Stängel graufilzig, schöner, markanter Habitus
<u>BLATT:</u> steife, stachelige Blätter, unterseits weißfilzig, oberseits dunkelgrün, tief eingeschnitten
<u>BLÜTE:</u> kugelrunde, „stachelig" wirkende Blütenköpfe auf kräftigen Stielen, Knospen metallisch blau, geöffnete Blüten intensiv blau
<u>BLÜTEZEIT:</u> 7–9
<u>ANSPRÜCHE:</u> trockene Böden mit gutem Wasserabzug in voller Sonne und genügend Platz, sonst anspruchslos
<u>VERWENDUNG:</u> durch die auffallenden Blüten sowohl in freistehenden Gruppen als auch als ungewöhnlicher Akzent im sonnigen Beet, auch für trockene „Naturgärten", schön mit Gräsern oder Königskerzen
<u>BESONDERHEIT:</u> Schnittblume, die auch sehr gut getrocknet werden kann
<u>VERMEHRUNG:</u> Aussaat Mitte März oder Teilung im Herbst oder zeitigen Frühjahr
<u>EMPFEHLENSWERTE SORTEN:</u> Im Garten sind intensiv blaue Sorten von *E. ritro* in Verwendung, wie 'Veitchs Blue'.

Solitärstaude • Sonne

Wild am Ufer

Goldfelberich,

Lysimachia punctata

HERKUNFT: feuchte Wiesen, Sümpfe und Flussufer, von Österreich über Norditalien bis in die westliche Türkei, in Europa und Nordamerika verwildert
WUCHS: 80 bis 100 cm, durch unterirdische Ausläufer größere Gruppen bildend
BLATT: Die weich behaarten Blätter stehen zu 3 bis 4 in Quirlen, auf der Unterseite dunkel punktiert.
BLÜTE: in den Blattquirlen über die ganze Länge verteilt, goldgelb, sternförmig
BLÜTEZEIT: 6–8
ANSPRÜCHE: nährstoffreicher, frischer bis feuchter Boden in Sonne bis Halbschatten; je feuchter der Boden ist, desto eher wird ein sonniger Standort toleriert; ebenerdiger Rückschnitt 12 bis 2, Horste lassen sich leicht in Grenzen halten (im Gegensatz zur ähnlichen *L. vulgaris*).
VERWENDUNG: in Gruppen an Teichen, Bächen oder anderen feuchteren Stellen im eher naturnah gestalteten Garten, auch für größere Flächen
BESONDERHEIT: lange Blütezeit, robust, dauerhaft
VERMEHRUNG: Teilung 2 bis 4

Wildstaude Uferstaude • Halbschatten

Für Beet, Vase und Staffelei

Edelpfingstrose

Paeonia-Lactiflora-Hybriden 'Murillo'

HERKUNFT: Bereits die ersten Exemplare in Europa Ende des 18. Jahrhunderts waren Gartenzüchtungen aus China.
WUCHS: 60 bis 80 cm. Sehr langsam entwickeln sich kleine „Büsche", die Jahr für Jahr schöner werden.
BLATT: dunkelgrün, mehrfach geteilt, hart
BLÜTE: einfach, zartrosa mit goldgelben Staubgefäßen
BLÜTEZEIT: 5–6
ANSPRÜCHE: nährstoffreiche, schwere Böden in voller Sonne; bei zu tiefem Pflanzen (ruhende Augen sollten nur 3 cm unter der Erde sein) werden sie blühfaul; im Winter empfindlich gegen stauende Nässe, sehr winterhart; besonders gefüllte Sorten neigen zum Umfallen (Aufbinden).
VERWENDUNG: nicht wegzudenkende Beetstaude mit unzähligen Sorten, in Kombination mit blühenden Gehölzen wunderschön
BESONDERHEIT: Herbstfärbung bei manchen Sorten, langlebig (bis über 30 Jahre)
VERMEHRUNG: Teilung im frühen Herbst
EMPFEHLENSWERTE SORTEN: 'Murillo', siehe Bild, 'Sarah Bernhardt', gefüllt lachsrosa, 'Karl Rosenfield', gefüllt weinrot, 'Festiva Maxima', gefüllt reinweiß; Spezialbetriebe haben 300 und mehr Sorten zur Auswahl.

Beetstaude • Sonne

Ein Klassiker im Steingarten

Felsensteinkraut

Alyssum saxatile
(= Aurinia saxatilis)

HERKUNFT: heimisch, felsige, bergige Gegenden Mittel- und Osteuropas
WUCHS: 30 cm, eigentlich Halbstrauch: immergrüne, verholzende Pölster aus einzelnen Rosetten
BLATT: immergrün, klein, behaart, graugrün
BLÜTE: goldgelb, überreich
BLÜTEZEIT: 5–6
ANSPRÜCHE: steinige, durchlässige Böden in voller Sonne, anspruchslos
VERWENDUNG: bekannte Steingartenpflanze, auch für Fugen oder überhängend in Trockenmauern, auf Dachgärten, an Treppenrändern und als Einfassungspflanze
BESONDERHEIT: Sät sich in Trockenmauern selbst aus.
VERMEHRUNG: Aussaat 2 bis 3
EMPFEHLENSWERTE SORTEN: 'Citrinum', zitronengelb, 'Variegata', Blätter mit cremegelben Rändern, 'Compactum', niedriger

Steingarten • Sonne

„Seerosen" an Land gespült

Blutwurz

Sanguinaria canadensis 'Plena'

HERKUNFT: östliches Nordamerika in feuchten Wäldern und an schattigen Hängen
WUCHS: 15 cm, wenig kriechendes Rhizom, bei dessen Verletzung roter Saft austritt (Name!)
BLATT: herzförmig auf 15 cm langem Stiel, beim Austrieb senkrecht und gefaltet, dann auf 30 cm ausgebreitet, bläulichgrün, gelappt
BLÜTE: weiß, becherförmig, manchmal rosa überlaufen; abgebildet ist die gefüllte Form mit vermehrten Blütenblättern, die an Seerosen erinnern.
BLÜTEZEIT: 4–5, bevor sich die Blätter ganz entfaltet haben
ANSPRÜCHE: braucht zwar Feuchtigkeit, wie viele Mohngewächse aber durchlässigen Boden, daher keine stauende Nässe oder lehmige Böden
VERWENDUNG: für humusreiche, feuchte, halbschattige oder schattige Stellen in Steingärten, unter Sträuchern, bei genügend Bodenfeuchtigkeit auch in etwas sonnigerer Lage
BESONDERHEIT: ungewöhnliche Pflanze, deren weiße Blüten im Schatten leuchten
VERMEHRUNG: Teilung 8 nach Absterben der Blätter

Wildstaude • Halbschatten bis Schatten

Ein Teppich aus Blüten und Blättern

Elfenblume

Epimedium grandiflorum
'Rose Queen'

HERKUNFT: feuchte Bergwälder auf den japanischen Inseln Honshu, Hokkaido und Kyushu
WUCHS: 25 cm, buschig dicht
BLATT: ledrig, stachelig berandet, jung dunkelbronze-purpur, drahtige Stiele
BLÜTE: tiefrosa, mit langem Sporn und weißen Spitzen
BLÜTEZEIT: 4–5
ANSPRÜCHE: humusreiche, feuchte Böden im lichten Schatten unter Bäumen und vor Gehölzen, für dichten Neuwuchs nicht zu späten Rückschnitt (2)
VERWENDUNG: wertvoll für den Schatten, als Bodendecker bestens geeignet wie auch die anderen Arten der Elfenblume
BESONDERHEIT: wenn sie einmal eingewurzelt sind und ihren Blätterteppich ausgelegt haben, brauchen sie kaum Pflege
VERMEHRUNG: Teilung 2 bis 3 oder nach der Blüte
EMPFEHLENSWERTE SORTEN: 'Lilafee', hellviolett, 'White Queen', weiß

Bodendecker • Halbschatten bis Schatten

Tiefblau am seichten Wasser

Sibirische Wieseniris

Iris sibirica 'Perrys Blue'

<u>HERKUNFT:</u> Urform heimisch in nassen Wiesen, Sümpfen, an Ufern von Bächen, von Europa ostwärts bis zum Baikalsee in Russland
<u>WUCHS:</u> 80 bis 100 cm, Rhizome, hohler Stängel, eleganterer Wuchs als bei hohen Bartiris
<u>BLATT:</u> grasartig schmal
<u>BLÜTE:</u> verzweigte Stängel, mehrblütig, blau mit dunklerer Äderung, mit jeweils schmalen (unteren) Hängeblättern und (oberen) Domblättern
<u>BLÜTEZEIT:</u> 5–6
<u>ANSPRÜCHE:</u> liebt feuchte Plätze in der Sonne, gedeiht aber problemlos auch in normalem, nährstoffreichem Gartenboden, der im Sommer nicht austrocknen sollte
<u>VERWENDUNG:</u> sowohl Sumpfpflanze als auch im Staudenbeet, schöne Uferpflanze im normalen Boden außerhalb eines Folienteiches
<u>BESONDERHEIT:</u> langlebig, verschiedenfarbige Sorten lassen sich gut kombinieren
<u>VERMEHRUNG:</u> Teilung nach der Blüte 7 bis 8
<u>EMPFEHLENSWERTE SORTEN:</u> 'Snow Queen', weiß mit gelbem Schlund, 'Caesar's Brother', nachtblau, 'Emperor', dunkelblau

I.s. 'Perrys Blue'

Iris sibirica

Uferstaude • Sonne

Sonnenräder

Weiche Sonnenblume

Helianthus mollis

HERKUNFT: Prärien Nordamerikas
WUCHS: bis 120 cm, unverzweigter, behaarter Stängel
BLATT: weich behaart, etwas graugrün, spitz zulaufend, Blattrand gesägt
BLÜTE: gelb, bis 8 cm große, senkrecht stehende, auffallende, radförmige Blütenkörbchen mit langen, schmalen Zungenblüten
BLÜTEZEIT: 7–9
ANSPRÜCHE: normaler bis trockener Gartenboden in voller Sonne
VERWENDUNG: in Gruppen im Beet interessante Wirkung durch die vielen zur Sonne gedrehten Blüten
BESONDERHEIT: Als „Sonnenblume" ist meist nur die einjährige *Helianthus annuus* mit ihren vielen Sorten bekannt. Die ausdauernden Sonnenblumen sind äußerst wertvolle, noch zu wenig beachtete Spätsommerblüher.
VERMEHRUNG: Aussaat (4), leider viel zu selten im Handel; gelegentlich bekommt man von botanischen Gärten oder Sammlern Samen.

Wildstaude • Sonne

Schaublatt

Rodgersia aesculifolia

HERKUNFT: in feuchten Wäldern, in flussbegleitendem Gebüsch von 1500–3200 m in West-China
WUCHS: 70–100 cm, flach kriechende Rhizome
BLATT: Ähnlichkeit mit dem Blatt einer Rosskastanie, erreicht aber bis 50 cm Durchmesser, schöne Struktur durch tiefe, kräftige Adern, die das Gerüst der großen Blätter bilden
BLÜTE: weiß in lockeren Blütenständen auf bis 1 m hohen Stielen
BLÜTEZEIT: 6–7
ANSPRÜCHE: nährstoffreicher, feuchter und humoser Boden im Halbschatten bis Schatten
VERWENDUNG: dominante Blattschmuckstaude für den Schattengarten mit beeindruckender Blüte, ideal für Moorbeete oder in Wassernähe
BESONDERHEIT: wächst nur sehr langsam, daher erst nach Jahren stattliche Exemplare
VERMEHRUNG: Teilung 3

Blattschmuck- und Blütenstaude • Schatten

Windspiel aus der Neuen Welt

Plattährengras

Chasmanthium latifolium
(= Uniola latifolia)

HERKUNFT: in Wäldern, mittleres und östliches Nordamerika
WUCHS: 60 bis 100 cm, aufrechter, lockerer Horst
BLATT: 2 cm breit, sehr schön hellgrün mit überhängenden Blattspitzen, raschelt im Wind wie Bambus
BLÜTE: Halme stielrund, verästelt, Ährchen hellbraun, flachgedrückt, in lockeren, leicht geneigten Rispen
BLÜTEZEIT: 9, wie bei vielen Gräsern scheinbar lange, da Blüten und Früchte sehr ähnlich sind
ANSPRÜCHE: sonnige bis halbschattige Lage bei frischem, normalem Gartenboden, neigt bei nicht artgerechtem Standort zu Chlorose (Gelbfärbung der Blätter), Rückschnitt im März
VERWENDUNG: freistehend im Staudenbeet oder in Verbindung mit Steinen, frisch oder getrocknet in Blumensträußen
BESONDERHEIT: flache Ährchen und große Rispen bieten dem Wind viel Angriffsfläche, daher auch schon bei leisem Lüftchen in Bewegung, Fruchtstände bis in den Winter hinein zierend
VERMEHRUNG: Teilung 5, Aussaat 3

Wildstaude • Sonne bis Halbschatten

Zaunkönigin

Staudenwicke, Staudenplatterbse

Lathyrus latifolius

Herkunft: Gebüsche, grasige Wegränder und Schuttplätze Südeuropas von Portugal bis zum Kaukasus, im übrigen Europa und in Nordamerika auch verwildert

Wuchs: 200 cm, kräftiger Wurzelstock, klettert durch Blattranken

Blatt: blaugrün, gefiedert

Blüte: Trauben an langem Stiel, weiß, hellrosa, purpurrosa, oft mit dunklerer Aderung, für viele enttäuschend: Im Gegensatz zur einjährigen Wicke *(Lathyrus odoratus)* sind die schönen Blüten duftlos.

Blütezeit: 6–8, lange Blütezeit durch immer neue Knospen Ansprüche: Sonne bis Halbschatten, anspruchslos, Rückschnitt knapp über dem Boden ab Dezember

Verwendung: sehr beliebt zum Beranken von Zäunen, Rankgittern und Pergolen, klettert auch auf Sträuchern. Einfach ins Beet gesetzt findet sie auf Stauden und Gräsern rankend ihren Weg nach oben, es ergeben sich so reizvolle Kombinationen.

Besonderheit: als Pflanzen kaum im Handel, aber leicht durch Samen zu vermehren

Vermehrung: Aussaat 2 bis 3 oder Teilung 3

Empfehlenswerte Sorten: neben den ursprünglich purpurrosa Blüten auch hellrosa (abgebildet) und weiße Sorten sowie Mischungen

Kletterpflanze • Sonne bis Halbschatten

Index

Index

Index

Index